Les mille cartes mentales sont toutes tirées de la vie courante dans des situations ordinaires.
Elles sont basées sur la succession de dessins de mémorisation avec textes en français et en espagnol.
La méthode permet la mémorisation des textes de français vers l'espagnol ou de l'espagnol vers le français en portant en mémoire la vignette de dessin suggestive avec chaque situation simultanément.
Par le jeu de la répétition et de l'attention focalisée sur tous les dessins ou scénario de l'image, l'apprentissage du français ou de l'espagnol peut se mettre en place facilement.
Jean-Louis PENIN, écrivain, a déjà écrit de nombreux livres principalement sur le coaching, qu'il a édité en six langues. Il est donc confronté à la traduction de textes polyglottes.
Il réalise ici un vieux rêve qu'il a appelé il y a près de 40 ans, la méthode MIMPSI, méthode de cartes de mémoire comprenant des phrases dans leur contexte et permettant de réaliser l'apprentissage des langues.
A l'origine, la méthode MIMPSI devait être une méthode à moteur d'inférence permettant d'apprendre une langue dans les variations de son contexte comme l'apprentissage dans la langue maternelle. Chaque fois que le contexte de la carte change, l'émotion est fixée définitivement et permet de se réapproprier les phrases dans la langue apprise. C'est un peu ce que l'on arrive à faire avec ce jeu de cartes mémoires. Édition en 11 langues à partir du français et de l'anglais.
Anglais, allemand, italien, espagnol, portugais, croate, néerlandais, russe, chinois, japonais, thaï.

Recomendación del autor
Los mil mapas mentales se extraen de la vida cotidiana en situaciones ordinarias.
Se basan en la sucesión de dibujos de memorización con textos en francés y español.
El método permite la memorización de textos del francés al español o del español al francés llevando en la memoria la sugerente miniatura del dibujo con cada situación simultáneamente.
A través del juego de la repetición y la atención concentrada en todos los dibujos o escenarios de la imagen, se puede configurar fácilmente el aprendizaje del francés o el español.
Jean-Louis PENIN, escritor, ya ha escrito muchos libros, principalmente sobre coaching, que ha publicado en seis idiomas. Por lo tanto, se enfrenta a la traducción de textos políglotas.
Aquí cumple un viejo sueño que llamó hace casi 40 años, el método MIMPSI, un método de tarjetas de memoria que incluyen oraciones en su contexto y permiten llevar a cabo el aprendizaje del idioma.
Originalmente, el método MIMPSI estaba destinado a ser un método de motor de inferencia que permite aprender un idioma en variaciones de su contexto, como el aprendizaje en la lengua materna. Cada vez que cambia el contexto de la carta, la emoción se fija definitivamente y permite que las frases se reapropien en el idioma aprendido. Eso es más o menos lo que logramos hacer con este juego de tarjetas. Edición en 11 idiomas del francés y del inglés.
Inglés, alemán, italiano, español, portugués, croata, holandés, ruso, chino, japonés, tailandés.

CARTES MENTALES
EXPRESSIONS
IDIOMATIQUES
FRANÇAIS – ESPAGNOL

MAPAS MENTALES
IDIOMAS
FRANCÉS – ESPAÑOL

CARTES MENTALES EXPRESSIONS IDIOMATIQUES FRANÇAIS – ESPAGNOL

MAPAS MENTALES IDIOMAS FRANCÉS – ESPAÑOL

CARTES MENTALES
EXPRESSIONS IDIOMATIQUES
FRANÇAIS – ESPAGNOL

MODE D'EMPLOI

Les cartes mentales sont toutes tirées de la vie courante dans des situations ordinaires.
Elles sont basées sur la succession de dessins de mémorisation, avec textes en français et en espagnol.
La méthode permet la mémorisation des textes de français vers l'espagnol ou de l'espagnol vers le français en portant en mémoire la vignette de dessin suggestive avec chaque situation simultanément.
Par le jeu de la répétition et de l'attention focalisée sur tous les dessins ou scénario de l'image, l'apprentissage du français ou de l'espagnol peut se mettre en place facilement.
La répétition de la lecture des textes français et espagnol en situation doit se faire selon la technique de la boîte de Leitner et la méthode des J, c'est-à-dire une répétition tous les 1, 3, 7, 14 et 30 jours. Pour cela, il suffit de découper chaque carte en 4 avec une paire de ciseaux et les glisser dans la boîte de Leitner (4 cartes de format 6,5 cm x 10,5 cm, recto - verso). Il y a 1000 fiches soit plus de mille phrases originales dans leur contexte, assez pour mémoriser un langage courant de niveau supérieur, le fameux «fluente » espagnol.
Un petit « dico » de mots qu'il faut savoir accompagne la méthode. L'arrière-plan blanc ou bleu permet de classer les fiches dans la bonne langue et donc dans le bon sens.
Bonne étude et bon courage !

MAPAS MENTALES IDIOMAS
FRANCÉS – ESPAÑOL

MODO DE EMPLEO

Todos los mapas mentales se toman de la vida cotidiana en situaciones ordinarias. Se basan en una sucesión de dibujos de memorización, con textos en francés y español.

El método permite la memorización de textos del francés al español o del español al francés llevando en la memoria la sugerente miniatura del dibujo con cada situación simultáneamente.

A través del juego de la repetición y la atención concentrada en todos los dibujos o escenarios de la imagen, se puede configurar fácilmente el aprendizaje del francés o el español.

La repetición de la lectura de los textos francés y español in situ debe realizarse según la técnica de la caja de Leitner y el método J, es decir, una repetición cada 1, 3, 7, 14 y 30 días. Para hacer esto, simplemente corte cada tarjeta en 4 con un par de tijeras y deslícelas en la caja de Leitner (4 tarjetas de 6,5 cm x 10,5 cm, anverso y reverso). Son 1000 fichas, más de mil frases originales en contexto, suficientes para memorizar un lenguaje cotidiano de nivel superior, el famoso "fluente" español.

Un pequeño "dico" de palabras que necesitas conocer acompaña al método. El fondo blanco o azul le permite clasificar las cartas en el idioma correcto y, por lo tanto, en la dirección correcta.

¡Feliz estudio y buena suerte!

EXPRESSIONS IDIOMATIQUES niveau I

EXPRESIONES IDIOMÁTICAS Etapa 1

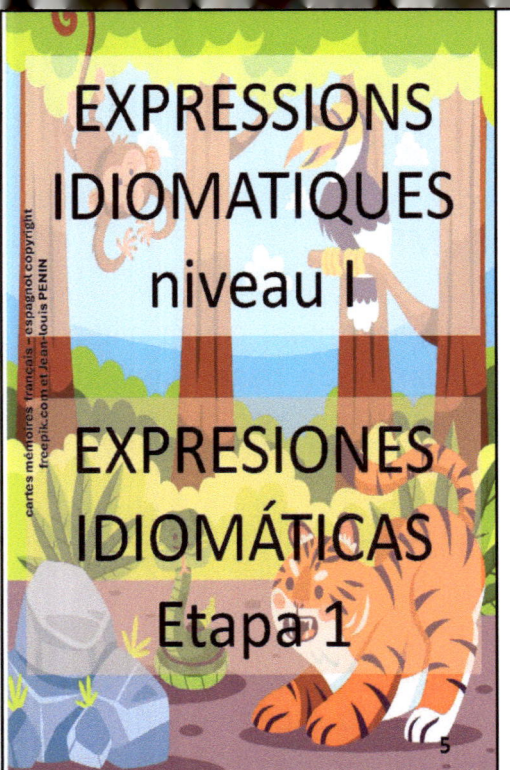

Qui trop embrasse mal étreint
Quel dommage que nous n'ayons pu voir cela !

Agarra todo, pierde todo
¡Qué lástima que no pudiéramos ver eso!

Ils ont eu un succès fou
Allez, file ! Tu as pigé ?

Tuvieron un éxito rotundo
¡Vamos, vamos! ¿Lo entiendes?

Un petit whisky, ça ne serait pas de refus.
Je ne bois pas du tout d'alcool

Un poco de whisky, eso no sería un rechazo.
No bebo alcohol en absoluto

Il est lent mais il comprend vite
Vous auriez dû y penser avant

Es lento, pero entiende rápido
Deberías haberlo pensado antes

À mon avis, ils sont partis sans dire au revoir

En mi opinión, se fueron sin despedirse

C'est son rayon! Il connaît toutes les ficelles

¡Este es su departamento! Conoce todos los trucos

Ce genre de musique ne me plaît pas beaucoup

No me gusta mucho este tipo de música

Penses-tu ça aurait été trop beau !

¿Crees que habría sido demasiado bueno?

Je regrette d'être en retard
Je vous donne ma parole

Me arrepiento de haber llegado tarde
Te doy mi palabra

C'est ce qui s'appelle se jeter dans la gueule du loup

Esto es lo que se llama arrojarse al foso de los leones

Mon cher général, je peux vous dire un mot en privé ? *Comme vous voudrez*

Mi querido general, ¿puedo decirle unas palabras en privado?
Como quieras

En fin de compte, je vais me débrouiller
Comme vous pouvez le constater, ça vaut la peine

Al final, me las arreglaré
Como ves, merece la pena

Les goûts et les couleurs, ça ne se discute pas
Il s'extasie vraiment devant n'importe quoi !

Los gustos y los colores no están en discusión
¡Realmente se entusiasma con cualquier cosa!

Tiens, les voilà, si je puis m'exprimer ainsi

Aquí están, si se me permite decirlo así

Quel temps va-t-il faire aujourd'hui ?

¿Qué tiempo hará hoy?

J'y suis allé pendant les vacances

Fui allí durante las vacaciones

21

J'aimerai bien connaître le pourquoi du comment
Si tu vois ce que je veux dire !

Me gustaría saber el por qué y el cómo
¡Si sabes a lo que me refiero!

22

Elle travaille ici depuis deux ans, elle fait l'idiote

Ha estado trabajando aquí durante dos años, se está comportando como una estúpida

23

Jugez-en par vous-même
Peu importe, ça m'est égal

Juzga por ti mismo
No importa, no me importa

24

N'y va pas par quatre chemins !
Quoi qu'il en soit, j'y veillerai

¡No te vayas por las ramas!
En cualquier caso, me encargaré de ello

Elle est d'une vulgarité, mais elle est fière comme Artaban

Es de una vulgaridad, pero ella es orgullosa como Artabano

Je regrette de lui avoir prêté de l'argent !

Me arrepiento de haber ¡Dinero prestado!

Voulez-vous que nous échangions nos coordonnées ?

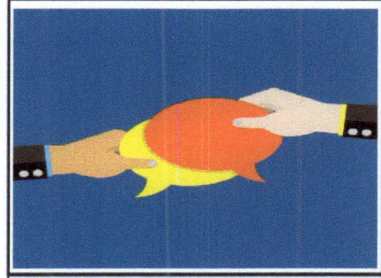

¿Quieres que te intercambiemos tus datos de contacto?

29

J'aimerai bien connaître le pourquoi du comment

Me gustaría saber el por qué y el cómo

30

Quoi qu'il en soit, tu l'as bien cherché !
Tu ne l'as pas volé!

De todos modos, ¡lo has estado buscando!
¡No lo robaste!

31

Entrez, et fermez la porte je vous prie

Entra y cierra la puerta, te lo ruego

32

Je vous présente ma collègue
Ravi d'avoir fait votre connaissance

Me gustaría presentar a mi colega
Encantado de haberte conocido

Vous auriez du feu s'il vous plaît ?

Tendrías fuego ¿Por favor?

Il y travaille depuis six mois

Lleva seis meses trabajando allí

D'une façon ou d'une autre, je suis tout à fait d'accord avec vous

De cualquier manera, estoy completamente de acuerdo contigo

J'ai visité l'Ecosse il y a deux ans !
J'ai attendu pendant deux heures à l'aéroport

¡Visité Escocia hace dos años!
Esperé dos horas en el aeropuerto

Dans le pire des cas, va te faire cuire un œuf !  En el peor de los casos, ¡ve a cocinarte un huevo!	Ça fait des mois que je ne l'ai pas vu  No lo he visto en meses
Ne vous en faites pas  Ni se preocupe	A moins qu'on me dise le contraire, je vois de l'eau  A menos que me digan lo contrario, veo agua

Tout le plaisir est pour moi 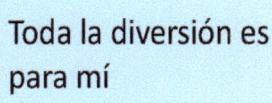 Toda la diversión es para mí	Qu'est-ce que ça veut dire ? *Qu'est-il arrivé ?*  **¿Qué significa eso?** *¿Qué pasó?*
Qu'est-il écrit ici ? *Peux-tu l'épeler ?*  **¿Qué está escrito aquí?** *¿Puedes deletrearlo?*	J'ai lu ce journal trois fois *C'est n'importe quoi !*  **Leí este periódico tres veces** *¡Mentiras!*

Aussi incroyable que cela puisse paraître…

Por increíble que parezca…

Je regrette d'avoir accepté de faire ça

Me arrepiento de haber accedido a hacerlo

Je regrette de ne pouvoir te le dire, les mots me manquent

Lamento no poder decírtelo, las palabras me fallan

(Regarder)
Il regardait la télé
Ça me plaît beaucoup

(Ver)
Estaba viendo la tele
Me gusta mucho

Je vais devoir vous laisser
Vous avez besoin d'aide ?

Tendré que dejarte
¿Necesitas ayuda?

Jusqu'à preuve du contraire
fais de beaux rêves !

Hasta que se demuestre lo contrario
¡Dulces sueños!

Je reviens tout de suite
A plus tard !

Ya regreso
¡Nos vemos luego!

J'arrive dans un instant
Je vous enverrai un mot

Estaré allí en un momento
Te enviaré una nota

Toi, tu me casses les pieds
Sans blague !

Me estás rompiendo los pies
¡No es broma!

Qu'est-ce qu'il y a Doc ?
Je meurs de faim

¿Qué te pasa, doctor?
Me muero de hambre

Ça me fait plaisir de vous revoir !
Au revoir

¡Es un placer verte de nuevo!
Adiós

Que faites-vous dans la vie ?
Je travaille sur un nouveau modèle

¿A qué te dedicas?
Estoy trabajando en un nuevo modelo

Comment ça va la santé ?
Voulez-vous m'accompagner ?

¿Cómo está tu salud?
¿Me acompañas?

Si par hasard tu attrapes la clé ?
Tant pis !

¿Si por casualidad atrapas la llave?
¡Muy mal!

Comment ça va ?
Ça m'a fait plaisir de te voir
Qu'est-ce que tu deviens ?

¿Cómo te va?
Ha sido un placer verte
¿En qué te has convertido?

Ça fait des années qu'ils sont morts

Han estado muertos durante años

Autrefois, il y avait ici un cinéma
Autrefois je jouai du tennis

En el pasado, había un cine aquí
Solía jugar al tenis

A un de ces jours !
Merci bien !
Je vous en prie

¡Nos vemos un día de estos!
¡Gracias!
Por favor

Ils se sont encore disputés !

¡Volvieron a discutir!

Vous pouvez m'accorder quelques instants ?
Pouvez-vous me rappeler votre nom ?

¿Puedes darme unos momentos?
¿Puedes recordarme tu nombre?

Vous voulez bien m'aider s'il vous plaît ?
Qu'est-ce que vous êtes chiant !

¿Podrías ayudarme, por favor?
¡Qué molesto eres!

Je n'étais pas encore aller au Népal !

¡Todavía no había estado en Nepal!

Autrefois, je n'aimais pas la bière !

¡Antes no me gustaba la cerveza!

D'où venez-vous ?
Ça me fait plaisir de vous voir !

¿De dónde eres?
¡Me alegro de verte!

Je suis à vous dans deux minutes
Je vois de quoi tu parles

Estaré contigo en dos minutos
Sé de lo que estás hablando

Je ne voudrais pas abuser de votre gentillesse
Je vais devoir vous laisser !

No quiero aprovecharme de tu amabilidad
¡Tendré que dejarte!

Alors tu accouches, oui ? *Nous ne voulons pas vous faire attendre*

Así que vas a dar a luz, ¿verdad? *No queremos hacerte esperar*

ça faisait un bail qu'on ne s'était pas vu

Ha pasado un tiempo desde que nos vimos

Laisse tomber, ça ne vaut pas la peine

Olvídalo, no vale la pena

Faites, je vous en prie !
Merci du compliment !

¡Por favor!
¡Gracias por el cumplido!

Veinard, c'est toujours toi qui gagnes !
Tu as une de ces chances !

¡Por suerte, siempre eres tú quien gana!
¡Tienes una de esas oportunidades!

C'est un imbécile, il est idiot !
Il est complètement cinglé, non ?

¡Es un tonto, es un idiota!
Está completamente loco, ¿no?

Pourtant, vous avez l'air de vous y connaître plutôt bien !

Sin embargo, ¡parece que sabes lo que haces bastante bien!

Elle est restée muette comme une carpe et elle s'est dégonflée !

¡Permaneció silenciosa como una carpa y se desinfló!

Regardez-moi un peu ça
Vous rigolez !
Excusez-moi, je n'écoutais pas

¡Solo mira eso!
¡Estás bromeando!
Disculpe, no estaba escuchando

Ça ne m'emballe pas trop
Qu'est-ce qu'on s'ennuie!

No estoy muy emocionado por eso
¡Qué aburridos estamos!

Ne fait pas la fine bouche
Il a été piqué au vif !

No seas quisquilloso
¡Fue picado hasta la médula!

Excusez-moi, je n'ai pas entendu votre prénom, Monsieur ...? *Je ne vous ai pas entendu.*

Disculpe, ¿no escuché su nombre, señor...? *No te escuché.*

Ça te va à ravir !
Ça ne ressemble vraiment à rien !

¡Se adapta perfectamente a ti!
¡Realmente no se parece a nada!

Permettez que je vous aide.
Je n'en crois pas mes yeux !

Permíteme ayudarte.
¡No puedo creer lo que ven mis ojos!

Vous avez mal, vous souffrez ?
Pas de bol hein !

¿Tienes dolor¿ Estás sufriendo?
No hubo suerte, ¡eh!

Je suis expert en la matière.
Désolé, mais ce n'est pas mon truc

Soy un experto en esta área.
Lo siento, pero eso no es lo mío

Tu as dit quelque chose ? Quel bruit !
On ne peut pas en placer une.

¿Dijiste algo? ¡Qué ruido!
No se puede colocar uno.

Nous avons l'intention d'aller à Rome l'an prochain.
Il a une idée fixe

Tenemos la intención de ir a Roma el año que viene.
Tiene una idea fija

Entrez ! **Comme vous pouvez le constater, ça ira mieux la prochaine fois !**

¡Pasa! **Como puedes ver, ¡mejorará la próxima vez!**

Quel dommage !
Il faut choisir, sinon c'est n'importe quoi !

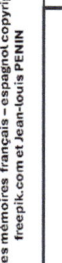

¡Qué pena!
¡Tienes que elegir, de lo contrario es una tontería!

C'est une grande gueule, mais il est d'un abord plutôt facile.

Es un bocazas, pero es un enfoque bastante fácil.

Merci mille fois, *mais j'ai d'autres chats à fouetter*

Muchas gracias, *pero tengo otros peces para freír.*

On annonce de la pluie.
Il pleut toujours là-bas !

Se pronostican lluvias.
¡Allí sigue lloviendo!

Que faites-vous dans la vie ? **Pas grand-chose !** *J'ai hâte de vous revoir.*

¿A qué te dedicas? **¡No mucho!** *Espero verte de nuevo.*

Ça va durer longtemps ?
Il n'y a pas de quoi

¿Durará mucho tiempo?
De nada

Tel père, tel fils. C'est bien le fils de son père !
Je ne trouve rien à redire !

Una astilla de la vieja cuadra. ¡De hecho, es el hijo de su padre!
¡No puedo encontrar nada de qué quejarme!

Il a complètement déraillé ! Il est timbré ! *C'est à vous de décider.*

¡Se ha descarrilado por completo! ¡Está estampado! Depende de ti.

Tiens, il y avait longtemps que tu n'avais pas parlé de ça ! *Que veux-tu que ça me fasse !*

¡Oye, ha pasado mucho tiempo desde que hablaste de eso! ¡Qué quieres que haga!

Tiens, regarde qui s'amène ? *Il était plongé dans ses pensées.*

Aquí, ¿mira quién viene? *Estaba sumido en sus pensamientos.*

Je me suis dit que je ferai mieux de t'en parler. *Ne comptez pas sur moi !*

Pensé que sería mejor que te lo contara. ¡No cuentes conmigo!

Ces deux-là, ce sont les mêmes.
Ils ont eu un succès fou !

Estos dos son lo mismo.
¡Fueron un gran éxito!

101

Bien, *où en étions-nous* ?
Il a changé d'avis !

Bueno, ¿dónde estábamos?
¡Cambió de opinión!

102

Elle sait ce qu'elle veut !
Elle ne pense à rien d'autre.

¡Ella sabe lo que quiere!
No piensa en nada más

103

Qui est cette amie dont tu n'arrêtes pas de parler ?
Je ne la connais ni d'Ève, ni d'Adam.

¿Quién es este amigo del que sigues hablando?
No lo sé de Eva o Adán.

104

Il vaut mieux parler du problème si tu veux détendre l'atmosphère

Es mejor hablar del problema si quieres aligerar el ambiente

Tu ne devineras jamais ce qui est arrivé au travail aujourd'hui

Nunca adivinarás lo que sucedió en el trabajo hoy

Je peux t'inviter à boire un verre

Puedo invitarte a tomar una copa

Elle est ravie d'assister à cette pièce de théâtre

Está encantada de asistir a esta obra

Les policiers saisissent les objets pouvant être des preuves

La policía se incautó de objetos que podrían ser pruebas

Le procès se déroulera dans quelques jours

El juicio tendrá lugar en unos días

L'assurance a déclaré que la tornade était une catastrophe imprévisible.

El seguro dijo que el tornado fue un desastre impredecible.

Il faut vraiment que tu te ressaisisses si tu veux décrocher ce boulot.

Realmente tienes que recomponerte si quieres conseguir este trabajo.

Il a joué la comédie devant ses parents

Actuó frente a sus padres

Tu devrais faire ce que tu as dit.
Il vaut mieux agir que parler.

Deberías hacer lo que dijiste.
Es mejor actuar que hablar.

C'est dommage que je ne l'aie pas vu.
Dommage que je ne puisse pas faire cela

Es una lástima que no lo haya visto.
Lástima que no pueda hacer eso

Karen a les chevilles qui enflent depuis qu'elle est responsable du projet

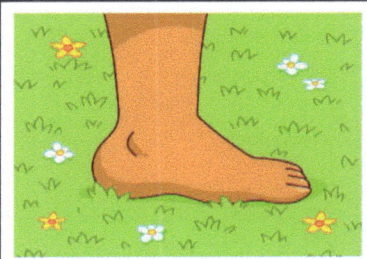

Los tobillos de Karen han estado hinchados desde que Líder de proyecto

Guy avait hâte de régler ses comptes avec Louisa après ce qu'elle lui avait fait

Guy estaba ansioso por ajustar cuentas con Louisa después Lo que ella le había hecho

---

Angela était sûre de gagner car elle avait tous les atouts en main.

Ángela estaba segura de ganar porque tenía todas las cartas de triunfo en su mano.

Je n'ai soudainement plus eu de nouvelles de Bianca. C'est comme si elle s'était volatilisée.

De repente no tuve noticias de Bianca. Es como si se hubiera desvanecido.

Je marchais dans la rue quand Harry est apparu soudainement.

Iba caminando por la calle cuando Harry apareció de repente.

Kévin est aux anges depuis qu'il a déménagé en Australie.

Kevin ha estado en la luna desde que se mudó a Australia.

Ses problèmes d'argent sont devenus un boulet pour lui.

Sus problemas de dinero se han convertido en una piedra de molino para él.

Mon patron m'a donné le feu vert pour ce projet

Mi jefe me dio Luz verde a este proyecto

Les enfants ont mangé des cookies. Ils ne tiennent plus en place maintenant !

Los niños comieron galletas. Ya no aguantan más ¡En su lugar ahora!

Alicia essaya de sauver les apparences après avoir découvert que son mari la trompait.

Alicia trató de mantener las apariencias después de descubrió que su marido la engañó.

Sa fille est la prunelle de ses yeux.

Su hija es la niña de sus ojos.

Ma voiture m'a coûté les yeux de la tête

Mi coche me costó un ojo de la cara

Jessica est sortie boire un verre mais on lui a forcé la main.

Jessica salió a tomar una copa, pero su mano estaba forzada.

La famille d'accueil de Diane l'a accueillie à bras ouverts.

La familia de acogida de Diane la recibió con los brazos abiertos.

La grand-mère d'Isabella aime remuer le passé.

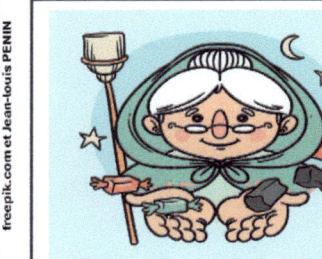

A la abuela de Isabella le gusta remover el pasado.

Bill m'a refilé le bébé pendant qu'il est en vacances.

Bill me dio al bebé mientras estaba de vacaciones.

Jack s'est démené pour demander à Rose de sortir avec lui.

Jack hizo todo lo posible para invitar a Rose a una cita.

Nick aura son diplôme cette année s'il travaille dur.

Nick se graduará este año si trabaja duro.

Andrea est celle qui fait bouillir la marmite dans leur couple.

Andrea es la que hierve la olla en su relación.

Lily espérait que ses parents lui ficheraient la paix

Lily esperaba que sus padres la dejaran en paz

Petra est très amoureuse d'Igor.

Petra está muy enamorada de Igor.

Cet examen est vraiment facile. C'est dans la poche!

Esta revisión es realmente fácil. ¡Está en el bolsillo!

Carlos connaît ce bâtiment comme sa poche.

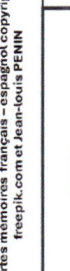

Carlos conoce este edificio como la palma de su mano.

Cette fête était géniale, on s'est bien amusés !

Esta fiesta fue genial, ¡nos divertimos mucho!

Il faut que tu coopères si tu veux que Janet te laisse tranquille.

Tienes que cooperar si quieres que Janet te deje en paz.

Tim est devenu dingue quand il a découvert son cadeau d'anniversaire.

Tim se volvió loco cuando se enteró de su regalo de cumpleaños.

Edward peut être dur en affaires quand il le souhaite.

Edward puede ser duro en los negocios cuando quiera.

Je n'ai pas le choix, ils m'ont à leur merci.

No tengo otra opción, me tienen a su merced.

Tu mènes un combat perdu d'avance; ton père ne changera pas d'avis.

Estás peleando una batalla perdida; Tu padre no cambiará de opinión.

Je sais que tu n'aimes pas ça, mais tu dois tenir Claire à distance.

Sé que no te gusta, pero tienes que mantener a raya a Claire..

Leur société a démarré fort.

Su empresa comenzó con fuerza.

Décrocher cet emploi est le but ultime de Fiona.

Conseguir este trabajo es el objetivo final de Fiona

Charlie a presque révélé le secret devant Anthony

Charlie casi revela el secreto frente a Anthony

Emily n'est pas à prendre avec des pincettes le matin.

Emily no debe ser tomada con un grano de sal por la mañana.

Max a eu le tout dernier téléphone portable avant tout le monde; il a devancé tous ses amis.

Max consiguió el último teléfono móvil antes que nadie; Ha precedido a todos sus amigos.

Thomas est vraiment de mauvaise humeur aujourd'hui... il s'est levé du pied gauche?

Thomas está de muy mal humor Hoy... ¿Se levantó con el pie izquierdo?

Quand elle a une idée en tête, Sandra n'abandonne pas

Cuando tiene una idea en mente, Sandra no se rinde

Les enfants se sont dirigés droit vers les bonbons.

Los niños fueron directamente a los dulces.

Ce nom me rappelle quelque chose... Est-ce que c'est l'endroit où vit ta tante ?

Este nombre me recuerda a algo... ¿Es aquí donde vive tu tía?

Mario a été sauvé par le gong quand sa mère est arrivée.

Mario fue salvado por el gong cuando llegó su madre.

Nous avons beaucoup dépensé ce mois-ci. Il va falloir se serrer la ceinture.

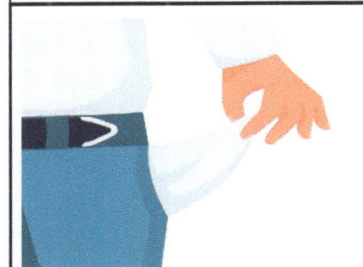

Hemos gastado mucho este mes. Vamos a tener que apretarnos el cinturón

Ses parents l'ont soutenue totalement quand elle a décidé de changer de carrière.

Sus padres la apoyaron todo cuando decidió cambiar de carrera.

Elle a fait tout son possible pour lui organiser la meilleure soirée d'anniversaire.

Ella hizo todo lo posible para organizarle la mejor fiesta de cumpleaños.

À partir de maintenant, j'évite ce genre de mecs.

A partir de ahora, evito a este tipo de hombres

Il ne nous donnera qu'un seul verre d'eau… Il faudra s'en contenter.

Él nos dará solo un vaso de agua… Será necesario Siéntete satisfecho con ello..

Je prendrais le parapluie si j'étais toi. Il vaut mieux prévenir que guérir.

Tomaría el paraguas si fuera tú. Más vale prevenir que curar.

Maria a vaincu Milena à la fin du troisième set.

María derrotó a Milena al final del tercer set.

Qu'on puisse oublier ses enfants dans un supermarché, ça me dépasse.

Que puedas olvidarte de tus hijos en un supermercado, está más allá de mí

Ce n'est pas le bon type de fromage mais ça fera l'affaire.

No es el tipo de queso correcto, pero servirá.

Depuis ma fenêtre, j'ai une vue d'ensemble de la prairie

Desde mi ventana, tengo una vista general de la pradera

Marcus est un lève-tôt

Marcus es un madrugador

Elle a fait d'une pierre deux coups en trouvant cet emploi.

Mató dos pájaros de un tiro al encontrar este trabajo.

Il était couvert de bleus le lendemain de sa chute dans les escaliers.

Estaba cubierto de moretones el día después de caer por las escaleras.

j'ai essayé de retrouver mon sac mais j'ai fait chou blanc.

Traté de encontrar mi bolso, pero me quedé vacío.

Paul est myope comme une taupe sans ses lunettes.

Paul es tan miope como un topo sin sus gafas.

j'ai laissé mon téléphone sur la table et il a disparu en un clin d'œil.

Dejé mi teléfono sobre la mesa y desapareció Al toque.

Lui faire accepter nos conditions n'était pas une mince affaire.

Conseguir que aceptara nuestros términos no fue tarea fácil.

La façon dont Pierre parle à Gény me met hors de moi

La forma en que Pierre le habla a Gény me da rabia

Brent avait été absent pendant cinq ans quand il est réapparu sans prévenir.

Brent había estado fuera durante cinco años cuando reapareció sin previo aviso.

---

j'ai toujours le cafard le lundi.

Siempre tengo la tristeza los lunes.

Mado a raflé la mise une nouvelle fois quand elle a accepté cette mission

Mado ganó la licitación una vez más cuando Ella aceptó esta misión

La voix de Johnny quand il chante m'impressionne

La voz de Johnny cuando canta me impresiona

Pour amortir le choc, on leur a donné un bonus financier quand ils ont été renvoyés.

Para amortiguar el golpe, se les dio un bono cuando fueron despedidos.

Julie a attendu trop longtemps et a manqué le coche.

Julie esperó demasiado y perdió el barco.

Graham dit qu'il veut acheter une moto, mais il faudra me passer sur le corps!

Graham dice que quiere comprar una motocicleta, ¡pero tendrás que atropellar mi cuerpo!

Gerard, reste ici, j'ai un compte à régler avec toi

Gerard, quédate aquí, tengo una cuenta pendiente contigo

Brice va quitter Maguy, j'en suis certain.

Brice dejará a Maguy, estoy seguro de ello.

Je ronge mon frein en attendant les vacances

Estoy royendo mis frenos mientras espero las vacaciones

Mon professeur veut que je réalise ce projet en suivant les règles mais j'aimerais essayer quelque chose de différent.

Mi profesor quiere que haga este proyecto según las reglas, pero me gustaría intentar algo diferente.

La voisine a dit « bonjour » C'est à marquer d'une pierre blanche!

¿El vecino dijo "hola"? ¡Esto debe marcarse con una piedra blanca!

Jeremy a la grosse tête depuis qu'il a eu sa promotion.

Jeremy ha tenido una cabeza grande desde que obtuvo su ascenso.

Je te souhaite un joyeux anniversaire, du fond du cœur.

Te deseo un feliz cumpleaños, desde el fondo de mi corazón.

Je parlerai à Jeannette et ferai toute la lumière sur cette histoire.

Hablaré con Jeannette y arrojaré luz sobre esta historia.

Mila a mis John à la porte après l'avoir vu avec Theresa.

Mila echó a John después de verlo con Theresa.

Le dernier étage de l'immeuble est interdit d'accès

El acceso a la última planta del edificio está prohibido

Je n'ai aucune idée pour le cadeau d'anniversaire de Cathy. Est-ce que je peux faire appel à tes lumières ?

No tengo ni idea del regalo de cumpleaños de Cathy. ¿Puedo llamar a sus luces?

Je me suis creusé la tête pour me souvenir de son numéro de téléphone.

Me devané los sesos para recordar su número de teléfono.

Ils ont pris la fuite quand l'incendie a démarré

Huyeron cuando comenzó el incendio

j'espère avoir une augmentation cette année mais je ne me fais pas trop d'illusions.

Espero conseguir un aumento este año, pero no me hago demasiadas ilusiones..

La vue du haut de l'Empire State Building va te couper le souffle.

La vista desde lo alto del Empire State Building te dejará sin aliento.

Cet examen, c'est du gâteau

Este examen es pan comido

Nous devons nous réveiller de bonne heure pour prendre notre train.

Tenemos que levantarnos temprano para coger el tren.

La voiture s'est arrêtée tellement près de moi que j'ai cru que j'allais casser ma pipe.

El coche se detuvo tan cerca de mí que pensé que iba a romper mi pipa.

Le projet de Cathy a été tué dans l'œuf quand son patron l'a confiée à une autre équipe.

El proyecto de Cathy se truncó de raíz cuando su jefe la confió a otro equipo.

Ton adversaire ne va faire qu'une bouchée de toi.

Tu oponente te hará un trabajo rápido.

L'étrange bruit que j'ai entendu hier soir m'a fichu la trouille.

El extraño ruido que escuché anoche me asustó.

Je n'ai pas eu de nouvelles d'Anna, donc j'ai décidé de remettre le projet à plus tard.

No he tenido noticias de Anna, así que decidí posponer el proyecto.

Elle a l'air si innocente qu'on lui donnerait le bon Dieu sans confession.

Parece tan inocente que le darían a Dios sin confesión.

J'ai toujours le trac avant de prendre la parole en public

Siempre tengo miedo escénico antes de hablar en público

Elle est presque tombée de l'échelle. Ça aurait pu tourner mal.

Estuvo a punto de caerse de la escalera. Podría haber salido mal.

Le problème au travail est un vrai sac de nœuds

El problema en el trabajo es una verdadera bolsa de nudos

Elle brûlait la bougie par les deux bouts mais elle a beaucoup changé récemment

Solía quemar la vela en ambos extremos, pero ha cambiado mucho recientemente

On ne peut pas lui faire confiance pour faire partie d'une équipe, il n'en fait qu'à sa tête.

No se puede confiar en que él sea parte de de un equipo, hace lo que le da la gana.

Ce devoir est difficile. Tu vas devoir faire travailler tes méninges.

Este deber es difícil. Vas a tener que ponerlo a trabajar sus cerebros.

Ses parents promirent de lui acheter un billet de concert mais ils ont mis la charrue avant les bœufs.

Sus padres prometieron comprarle una entrada para el concierto, pero pusieron el carro delante de los bueyes.

Marc savait quelque chose sur Erika mais il a révélé le secret par mégarde.

Marc sabía algo sobre Erika, pero accidentalmente reveló el secreto.

Vera n'a pas encore trouvé sa robe de mariage mais elle est sur le coup.

Vera aún no lo ha encontrado su vestido de novia pero Ella está en el caso.

Milena pensait avoir gagné mais son adversaire avait toujours un atout dans sa manche.

Milena pensó que había ganado, pero su oponente sí Siempre con un as en la manga.

Tu ne peux pas continuer à me faire tourner en bourrique, j'ai besoin d'une réponse de suite !

No puedes seguir adelante ¡Necesito una respuesta de inmediato!

Marc fouillait dans les affaires d'Yvonne quand il a été pris la main dans le sac.

Marc estaba hurgando entre las pertenencias de Yvonne cuando lo atraparon con las manos en la masa.

Mickael et Gérard sont comme le jour et la nuit en ce qui concerne leur personnalité.

Mickael y Gérard son como la noche y el día en lo que respecta a sus personalidades.

Notre patron nous a donné carte blanche pour organiser la soirée d'entreprise.

Nuestro jefe nos dio carta blanca para organizar la fiesta de la empresa.

Dis-moi ce qui ne va pas, vide ton sac

Dime qué te pasa, Vacía tu bolsa

Jane a de bonnes chances de décrocher le travail de ses rêves.

Jane tiene muchas posibilidades de conseguir el trabajo de sus sueños.

Nous devrions gagner le tournoi mais je ne veux pas vendre la peau de l'ours avant de l'avoir tué.

Deberíamos ganar el torneo, pero no quiero vender la piel del oso antes de matarlo.

Tiens bon, ça va s'arranger.

Espera, todo estará bien.

Son discours a touché la corde sensible quand il a mentionné ses enfants.

Su discurso tocó una fibra sensible cuando mencionó a sus hijos.

Les choses sont revenues au point de départ à la fin du film.

Las cosas volvieron a donde empezaron al final de la película.

La maison est propre comme un sou neuf pour recevoir mes parents.

La casa está limpia como un centavo para recibir a mis padres.

Tu dois avouer tes problèmes si tu veux que l'on t'aide.

Tienes que admitir tus problemas si quieres que te ayuden.

Si je pouvais revenir en arrière, beaucoup de choses seraient différentes.

Si pudiera volver atrás, un montón de Las cosas serían diferentes.

Mes enfants sont tous coulés dans le même moule.

Mis hijos están todos moldeados en el mismo molde.

Mickey s'est fait passer un savon pour être sorti sans prévenir ses parents.

A Mickey le dieron un jabón por salir sin decírselo a sus padres.

Sonia nous a raconté une histoire à dormir debout à propos de ce qui lui est arrivé hier soir.

Sonia nos contó un cuento para dormir sobre lo que le sucedió anoche.

Tu devrais lui rendre la monnaie de sa pièce après ce qu'il t'a fait.

Deberías devolverle su favor después lo que te hizo.

Milena s'est montrée sous son vrai jour pendant ses vacances avec Sophie.

Milena se mostró en su verdadera luz durante sus vacaciones con Sophie.

Ne tire pas des conclusions trop hâtives, ils ne se sont toujours pas expliqués.

No saques conclusiones precipitadas, no lo hicieron Todavía no se ha explicado.

Ne pas dire la vérité à Brigitte me pèse sur la conscience depuis des semaines.

No decirle la verdad a Brigitte ha estado pesando en mi conciencia durante semanas.

Bill est arrivé à son examen avec une heure de retard, mais il était d'un calme olympien.

Bill llegó a su examen con una hora de retraso, pero estaba tranquilo como un atleta olímpico.

Notre patron a perdu son sang-froid devant les clients.

Nuestro jefe perdió los estribos frente a los clientes.

L'idée de Marc a été tournée en ridicule.

La idea de Marc fue ridiculizada.

L'espion russe a démasqué Bill

El espía ruso desenmascaró a Bill

La façon dont Julia regarde Frédéric me donne la chair de poule.

La forma en que Julia mira a Frédéric me pone la piel de gallina

Fanny n'exprime pas vraiment ses opinions, elle suit généralement le mouvement.

Fanny realmente no expresa sus opiniones, por lo general se deja llevar.

Jina craquait pour Paul mais elle a rencontré Alfred.

Jina se enamoró de Paul, pero conoció a Alfred.

Pour l'amour de Dieu, tu ne peux pas juste aller lui parler?

Por el amor de Dios, ¿no puedes simplemente ir a hablar con Él?

Je n'aime pas préparer mes discours donc j'improvise toujours au pied levé.

No me gusta preparar mis discursos, así que siempre improviso con poca antelación.

Les enfants voulaient savoir quels étaient leurs cadeaux de Noël mais je leur ai dit que la curiosité est un vilain défaut.

Los niños querían saber cuáles eran sus regalos de Navidad, pero les dije que la curiosidad es algo malo.

Il m'a foudroyé du regard quand j'ai commencé à parler de sa nouvelle petite amie.

Me miró cuando empecé a hablar de su nueva novia.

Quand il est devenu clair que nous ne pourrions finir à temps, nous avons décidé de nous arrêter là.

Cuando quedó claro que no podíamos terminar a tiempo, decidimos parar allí.

Il était le meilleur employé de l'entreprise mais il a fait son temps.

Era el mejor empleado de la empresa, pero lo hizo su tiempo.

Ça m'a fait très plaisir que tu viennes me voir au travail !

¡Me hizo muy feliz que vinieras a verme trabajar!

N'écoute pas la musique trop fort ou tu seras sourd comme un pot.

No escuches la música demasiado alta o te quedarás sordo como el infierno.

C'est arrivé juste une fois, n'en fais pas tout un plat.

Sucedió solo una vez, no le des mucha importancia.

Faire réparer la voiture a vraiment entamé leurs économies.

Reparar el auto realmente hizo mella en sus ahorros.

Ma mère est totalement dépassée quand on parle de technologie.

Mi mamá está totalmente abrumada cuando se trata de tecnología.

Andrea pourra t'aider à ton arrivée mais tu devras te débrouiller toute seule ensuite.

Andrea podrá ayudarte cuando llegues, pero tendrás que valerte por ti mismo después.

Voilà Donald. Quand on parle du loup

Ese es Donald. Hablando del rey de Roma

Rose, fuchsia. C'est du pareil au même.

Rosa, fucsia. Es todo lo mismo.

Son patron n'arrête pas de le traiter comme un chien

Su jefe sigue tratándolo como a un perro

Philippe est un empêcheur de tourner en rond. Il n'utilise jamais sa voiture mais il ne veut pas me la prêter.

Philippe es un obstáculo para dar vueltas en círculos. Nunca usa su coche, pero no quiere prestármelo.

Maria travaille comme une folle pour payer les factures.

María trabaja como loca para pagar las facturas.

Tu peux être certain qu'elle viendra avec Edouard.

Puedes estar seguro de que vendrá con Edward.

Tu es superbe dans cette robe!

¡Te ves genial con este vestido!

Mon père a eu cet emploi parce qu'il a été pistonné.

Mi padre consiguió este trabajo porque era un hombre de pistón.

Nous sommes tombés d'accord sur la plupart des conditions mais il nous reste à apporter la touche finale

Hemos acordado la mayoría de las condiciones, pero todavía tenemos que darle los toques finales

261

Les choses ne fonctionnent pas ainsi... On doit tout recommencer à zéro.

Las cosas no funcionan así... Tenemos que empezar de nuevo.

262

Son patron l'a laissée partir, si tu vois ce que je veux dire

Su jefe la dejó ir, si sabes a lo que me refiero

263

Ses discours sont ennuyeux à mourir

Sus discursos son aburridos hasta la muerte

264

Mathématiques, c'est de l'hébreu pour moi.

Las matemáticas son el hebreo para mí.

Ma vieille voisine me pompe toujours l'air en me parlant de ses chats.

Mi vieja vecina siempre me chupa el aire mientras me habla de sus gatos.

On ne sait jamais comment il va réagir. Il faudra improviser le moment venu.

Nunca se sabe cómo va a reaccionar. Tendremos que improvisar cuando llegue el momento

---

Je ne sais pas encore ce qu'il va passer mais j'ouvre grand les oreilles.

Todavía no sé lo que va a pasar, pero abro bien los oídos.

La nouvelle employée manque d'expérience donc je vais devoir l'aider.

La nueva empleada carece de experiencia, así que tendré que ayudarla

Nous avons fini par dénicher Emily dans la section bandes dessinées du magasin.

Terminamos encontrando a Emily en la sección de tiras Dibujos de la tienda

Ils n'ont pas été trop durs envers Betty lors de sa première semaine de travail.

No fueron demasiado Betty durante su primera semana en el trabajo.

Je ne sais pas ce qu'il se passe, je suis sur les nerfs

No sé qué está pasando, estoy nervioso

Je voulais impressionner Magali mais je me suis couvert de ridicule.

Quería impresionar a Magali, pero me cubrí de burlas.

Babette s'est finalement débarrassée de Michel

Babette finalmente se deshizo de Michel

Ce que tu dis ne compte pas en fin de compte, c'est ce que tu fais.

Al final no importa lo que digas, lo que haces es lo que haces.

Cette annonce n'est qu'un début. Il y aura d'autres changements à venir.

Este anuncio es solo el comienzo. Habrá más cambios por venir.

Elle s'est indignée de la nouvelle règle sur son lieu de travail.

Estaba indignada por la nueva regla en su lugar de trabajo.

Ses parents lui ont demandé d'essayer de repérer leur chat disparu.

Sus padres le pidieron que tratara de localizar a su gato perdido.

Bill et Pauline sont d'accord à propos de leurs prochaines vacances.

Bill y Pauline acuerdan sus próximas vacaciones.

C'est apparu comme une évidence à quel point Paul aime Maria quand elle a commencé à sortir avec Joe.

Era obvio lo mucho que Paul amaba a María cuando ella comenzó a salir con Joe.

Elle a épousé Bernard en toute connaissance de cause

Se casó con Bernard con pleno conocimiento de causa

281

Daniel est allé à l'encontre de nos conseils pour prouver qu'il avait raison.

Daniel fue en contra de nuestro consejo para demostrar que tenía razón.

282

Ce n'est pas facile de garder son sérieux quand elle te regarde ainsi.

No es fácil mantener su seriedad cuando te mira así.

283

L'équipe adverse nous a battu sans tricher

El equipo contrario nos ganó sin hacer trampa

284

Nous taillions une bavette depuis plus de deux heures quand nous réalisâmes que nous étions en retard

Llevábamos más de dos horas recortando un babero cuando nos dimos cuenta de que íbamos tarde

---

La façon dont nos parents nous ont élevés est quelque chose dont ils peuvent être fiers.

La forma en que nuestros padres nos criaron es algo de lo que pueden estar orgullosos.

C'était juste pour s'amuser! Sans rancune?

¡Fue solo por diversión! ¿Sin resentimientos?

---

je voulais voyager tout seul mais à la dernière minute, j'ai eu la trouille.

Quería viajar sola, pero en el último momento tuve miedo.

Nous sommes toujours débordés avant l'été.

Siempre estamos abrumados antes del verano.

La demande en mariage de Billy a fait perdre la tête à Maud.

La propuesta de matrimonio de Billy hizo que Maud perdiera la cabeza.

Arrête de ménager la chèvre et le chou et dis-nous ce que tu penses !

¡Deja de escatimar la cabra y la col y dinos lo que piensas!

Si ta sœur savait ce qu'il venait de se passer, elle s'en donnerait à cœur joie.

Si tu hermana supiera lo que acaba de pasar, se lo pasaría muy bien.

La nouvelle du départ de Matilde était complètement inattendue.

La noticia de la partida de Matilde fue completamente inesperada.

Il aimait chercher la bagarre quand il était plus jeune.

Le gustaba buscar pelea cuando era más joven.

Elle le mène par le bout du nez à chaque fois qu'elle lui demande quelque chose.

Ella lo lleva por la nariz cada vez que le pide algo.

Ils se tuaient tous les deux à la tâche pour rembourser leur prêt hypothécaire.

Ambos se estaban matando para pagar sus hipotecas.

Il boit comme un trou mais il est toujours très poli.

Bebe como un agujero, pero siempre es muy educado.

Ne t'énerve pas contre lui, nous avons d'autres chats à fouetter.

No te enfades con él, tenemos otros peces para freír.

Elle a 94 ans mais elle est en excellente santé

Tiene 94 años pero goza de excelente salud

Ce que Rosana a dit à Milena lors de la soirée a jeté de l'huile sur le feu.

Lo que Rosana le dijo a Milena en la fiesta echó más leña al fuego.

Il l'a invitée à sortir avec lui mais elle l'a envoyé balader.

Él la invitó a salir con él, pero ella lo despidió.

Notre équipe les a battus à plates coutures pour la première fois.

Nuestro equipo se les adelantó por primera vez.

j'aimerais être une petite souris pour savoir ce qui se passe pendant ces réunions.

Me gustaría ser un ratoncito para saber qué tiene lugar durante estas reuniones.

Tu te berces d'illusions si tu crois que tu peux vivre à New York sans travailler.

Te engañas a ti mismo si crees que puedes vivir en Nueva York sin trabajar.

Tout le monde l'aime bien parce qu'elle fait toujours de son mieux.

A todo el mundo le gusta porque siempre lo hace en la medida de sus posibilidades.

Je crois que j'ai encore fait une gaffe avec Anna.

Creo que cometí otro error con Anna.

Je n'arrête pas de tousser. Je crois que j'ai un chat dans la gorge.

No puedo parar de toser. Creo que tengo un gato en la garganta.

Brigitte a piqué une crise quand j'ai commencé à parler de Daniel.

Brigitte hizo un berrinche cuando empecé a hablar de Daniel.

Fais attention à Raymond. Il m'a déjà mené en bateau une fois.

Cuidado con Raymond. Ya me ha llevado en un barco una vez.

Il passa l'arme à gauche à l'âge de 88 ans

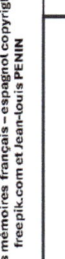

Pasó el arma a la izquierda a la edad de 88 años

Tu ne devrais pas prendre des gants avec lui, il doit apprendre comment le travail se passe vraiment.

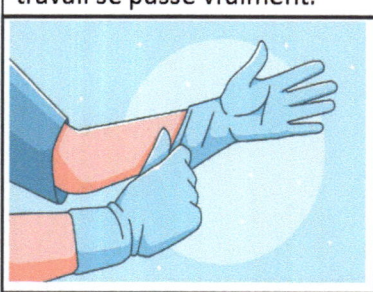

No deberías quitarte los guantes con él, tiene que hacerlo aprenda cómo se realiza realmente el trabajo.

Ils ont réussi leur projet malgré le court délai.

Tuvieron éxito en su proyecto a pesar del corto plazo.

Jean a encore fait le pitre en classe aujourd'hui.

Jean fue otro payaso en la clase de hoy.

j'ai tiré le bon numéro avec Gilles, c'est vraiment le meilleur petit ami !

Sacé el número correcto con Gilles, ¡es realmente el mejor novio!

On dit que les petites filles sont sages comme des images mais ce n'est pas toujours vrai.

Dicen que las niñas son tan buenas como las fotos, pero esto no siempre es cierto.

Je sens que les enfants mijotent quelque chose aujourd'hui .

Siento que los niños están cocinando algo hoy.

j'ai appris par le téléphone arabe que Maria avait trouvé un nouveau boulot.

Me enteré por el teléfono árabe de que María había encontrado un nuevo trabajo.

Brandon ne traîne jamais quand on lui confie un nouveau projet.

Brandon nunca sale cuando se le confía Un nuevo proyecto.

Cette maison n'est pas parfaite mais nous allons devoir faire contre mauvaise fortune bon cœur pour le moment.

Esta casa no es perfecta, pero lo seremos.
Tener que lidiar con la mala suerte con un buen corazón por el momento.

Je ne l'avais encore jamais vue perdre les pédales

Nunca antes la había visto perder la cabeza

Je sais que la situation n'est pas facile mais tu dois tenir bon.

Sé que no es fácil, pero hay que aguantar.

---

je voulais dire non mais il m'a mis le couteau sous la gorge

Quise decirle que no, pero me puso el cuchillo en la garganta

---

Elle a agi prématurément et a annoncé à notre patron que le client avait accepté avant que le contrat **soit signé**.

Actuó prematuramente y le dijo a nuestro jefe que el cliente había acordado antes de que se firmara el contrato.

Daniel est resté sur ses positions même après que notre manager lui a parlé.

Daniel se mantuvo firme incluso después de que nuestro gerente le hablara.

j'ai passé une très mauvaise semaine ; je vais me laisser aller ce week-end !

Tuve una semana muy mala; ¡Voy a dejarme llevar este fin de semana!

J'ai entendu Monica raconter des histoires qui te feraient faire dresser les cheveux sur la tête.

He oído a Mónica contar historias que te pondrían los pelos de punta.

Marc est un gentil garçon mais il coupe toujours les cheveux en quatre.

Marc es un chico simpático, pero siempre se divide el pelo.

Tu ne devrais pas cracher dans la soupe, ils sont vraiment très gentils avec toi.

No deberías escupir en la sopa, son realmente muy amable contigo.

Ils ont toujours mené une existence précaire.

Siempre han llevado una existencia precaria.

Ma sœur était aux petits soins pour ma mère quand elle était malade.

Mi hermana cuidó de mi madre cuando estaba enferma.

J'ai enfin pigé ce jeu.

Finalmente conseguí este juego

Michel et Jean ont enterré la hache de guerre pour de bon.

Michel y Jean enterrados el hacha para siempre.

Sa décision de partir pour l'Argentine a précipité ma demande en mariage.

Su decisión de irse a Argentina precipitó mi propuesta de matrimonio.

Joan est tombé éperdument amoureuse de Richard.

Joan se ha enamorado perdidamente de Richard.

On peut toujours deviner ce qu'elle pense; elle laisse voir ses sentiments.

Uno siempre puede adivinar lo que está pensando; Deja ver sus sentimientos.

Elles sont décidées à gagner le championnat coûte que coûte.

Están decididos a ganar el campeonato a toda costa.

Il rangera sa chambre quand les poules auront des dents

Ordenará su habitación cuando las gallinas tengan dientes

Maud a laissé Gérard en plan quand elle est tombée sur Jenifer.

Maud dejó a Gérard en la estacada cuando cayó en Jenifer.

Tes remarques étaient plutôt blessantes

Sus comentarios fueron bastante hirientes

j'ai essayé de lui parler mais c'était en pure perte, il n'écoute jamais.

Traté de hablar con él pero fue un desperdicio, nunca escucha.

j'ai dû remettre mon voyage à plus tard parce que j'avais trop de travail.

Tuve que posponer mi viaje porque tenía demasiado trabajo.

La surprise partie était géniale mais le fait que tu sois venu était la cerise sur le gâteau.

La fiesta sorpresa fue genial, pero el hecho de que vinieras fue la guinda del pastel.

Tu devrais battre le fer pendant qu'il est chaud, il te dira peut-être oui aussi.

Debes golpear mientras la plancha está caliente, él también puede decir que sí.

J'ai laissé tomber Jennifer quand elle a oublié notre rendez-vous pour la troisième fois consécutive.

Defraudé a Jennifer cuando se olvidó de nuestra cita por tercera vez consecutiva.

Mélanie éprouve de la difficulté à parler de ses sentiments à ses amies.

Melanie tiene dificultades para hablar de sus sentimientos con sus amigos.

Sylvie arrive au bureau tôt le matin pour avoir une longueur d'avance sur tout le monde.

Sylvie llega temprano a la oficina por la mañana para estar un paso por delante de la todos.

Ils se sont tenus au courant de ce qui est arrivé à leurs voisins pendant un moment mais ils se sont arrêtés après leur déménagement.

Se mantuvieron al tanto de lo que sucedía con sus vecinos por un tiempo, pero pasaron por allí después de que se mudaron.

---

j'ai essayé de lui parler mais elle est très discrète

Traté de hablar con ella, pero es muy discreta

Tu dois arrêter avant qu'il ne soit trop tard.

Tienes que parar antes de que sea demasiado tarde.

Il m'a insulté devant mes amis, je vais lui rendre la monnaie de sa pièce.

Me insultó delante de mis amigos, se lo voy a devolvers sabor de la propia medicina.

Elle m'en veut parce que j'ai été promu à sa place.

Está enfadada conmigo porque me ascendieron en su lugar.

Ils se sont mariés six mois seulement après leur rencontre.

Se casaron solo seis meses después de conocerse.

Nous allons devoir tâter le terrain avant de leur demander une faveur

Vamos a tener que tantear el terreno antes de pedirles un favor

Il vivait à cent à l'heure et il est mort jeune.

Vivió a cien millas por hora y murió joven.

Il attend toujours que tout lui tombe tout cuit dans le bec.

Todavía está esperando que todo caiga en su boca.

j'aimerais que mon fils prenne exemple sur ta fille

Me gustaría que mi hijo siguiera tu ejemplo

Ses résultats scolaires se sont améliorés à pas de géant.

Sus resultados académicos han mejorado a pasos agigantados.

Ne t'inquiète pas de ce qu'il dit, il n'a aucun argument valable.

No te preocupes por lo que diga, no tiene ningún argumento válido.

Il me fait marcher depuis quelques jours à propos de nos prochaines vacances

Me ha estado paseando durante unos días sobre nuestras próximas vacaciones.

Jean-Marc s'est donné beaucoup de mal pour organiser l'anniversaire de sa mère.

Jean-Marc hizo todo lo posible para organizar el cumpleaños de su madre.

Ils ont essayé d'étouffer le problème mais l'information s'est finalement ébruitée.

Trataron de encubrir el problema, pero la información finalmente salió.

Ils ont révélé ses secrets quand ils ont découvert ses vieux journaux intimes.

Revelaron sus secretos cuando descubrieron su Diarios antiguos.

Le bébé s'est endormi tout de suite

El bebé se durmió de inmediato

---

j'avais la gorge serrée quand elle s'est éloignée.

Se me hizo un nudo en la garganta cuando se alejó.

EXPRESSIONS IDIOMATIQUES
niveau II

EXPRESIONES IDIOMÁTICAS
nivel II

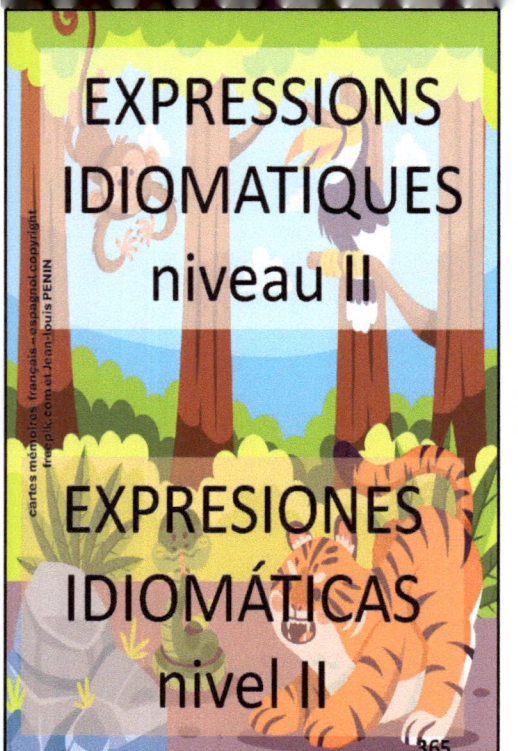

---

un compte à régler quand on veut parler à quelqu'un de quelque chose d'ennuyeux qu'il a fait. Je suis vraiment bouleversée. J'ai un compte à régler avec vous. Vous avez de nouveau utilisé ma voiture, sans ma permission.

Una cuenta pendiente cuando quieres hablar con alguien sobre algo aburrido que hizo. Estoy muy molesto. Tengo una cuenta pendiente contigo. Has vuelto a usar mi coche, sin mi permiso.

Êtes-vous prêt à partir ?
Oui, je suis prêt !
Être épuisé (fatigué).
Je suis épuisé à la fin de la journée.

¿Estás listo para comenzar?
¡Sí, estoy listo!
Estar agotado (cansado).
Estoy agotado al final del día.

Tout à coup, un homme de grande taille avec un manteau noir entra dans la pièce.

De repente, un hombre alto con un abrigo negro entró en la habitación.

Quelque chose de très facile à faire. Courir un semi-marathon ? Du gâteau! Un jeu d'enfant.

Algo muy fácil de hacer. ¿Correr una media maratón? ¡Juego de niños! Como robarle helado a un niño.

En règle générale : une règle qui n'est pas basée sur la science, mais sur l'expérience personnelle Une bonne règle de base est d'ajouter 10 œufs et un kg de farine pour faire des crêpes.

Como regla general: una regla que no se basa en la ciencia, sino en la experiencia personal Una buena regla general es agregar 10 huevos y un kg de harina para hacer panqueques.

Il était moins une quand quelque chose de grave a failli arriver.
J'ai failli rater mon vol pour Los Angeles. Il était moins une.

Tenía menos de un año cuando estuvo a punto de suceder algo grave.
Estuve a punto de perder mi vuelo a Los Ángeles. Estaba menos uno.

Plus facile à dire qu'à faire, il est plus facile de parler de quelque chose que de le faire réellement. Arrêter de fumer est plus facile à dire qu'à faire.

Es más fácil decirlo que hacerlo, es más fácil hablar de algo que hacerlo realmente. Dejar de fumar es más fácil decirlo que hacerlo.

De temps en temps, assez souvent, régulièrement
De temps en temps, je me promène au bord de la mer.

De vez en cuando, muy a menudo, con regularidad
De vez en cuando, camino junto al mar.

Tous les deux jours : Je prends une douche tous les jours, mais je ne me lave les cheveux qu'un jour sur deux.

Cada dos días: me ducho todos los días, pero solo me lavo el cabello cada dos días.

En présentiel : en personne. J'ai vraiment besoin de te voir face à face avant d'aller plus loin dans notre relation.

Presencial: presencial
Realmente necesito verte cara a cara antes de seguir adelante en nuestra relación.

En désaccord avec : ne pas être d'accord avec.
Mon voisin et moi sommes constamment en désaccord l'un avec l'autre.

En desacuerdo: En desacuerdo con.
Mi vecino y yo estamos constantemente en desacuerdo el uno con el otro.

Une goutte d'eau dans l'océan : petite et insignifiante par rapport à l'ensemble. La promesse des États-Unis de verser 100 millions de dollars au fonds pour la forêt tropicale n'est qu'une goutte d'eau dans l'océan.

Una gota en el océano: pequeña e insignificante comparada con el conjunto. La promesa de Estados Unidos de donar 100 millones de dólares al fondo para la selva tropical es solo una gota en el océano.

Pénible, casse pied : une personne qui vous agace. Dave est casse pied. Il se moque constamment de moi

Molesto, un dolor de cabeza: una persona que te molesta. Dave es un dolor de cabeza. Constantemente se burla de mí

Allez droit au but : commencez à parler de la chose la plus importante.
S'il vous plaît, arrêtez de tourner autour du pot. Allez droit au but !

Ve directo al grano: empieza a hablar de lo más importante. Por favor, dejen de andarse por las ramas. ¡Ve directo al grano!

Servez-vous : pour donner la permission de faire ou de prendre quelque chose.
Si vous avez faim, il y a beaucoup de nourriture dans le réfrigérateur. Servez-vous !

Úsate a ti mismo: para dar permiso para hacer o tomar algo.
Si tienes hambre, hay mucha comida en la nevera. ¡Uso!

Deux secondes : soyez patient.
Je suis presque prêt à partir. Deux secondes !

Dos segundos: ten paciencia.
Estoy casi listo para irme.
¡Dos segundos!

À long terme : sur une longue période
L'achat d'un bien immobilier est une bonne décision à long terme.

A largo plazo: durante un largo período de tiempo
Comprar una propiedad es una buena decisión a largo plazo.

Tout d'abord, avant tout : les questions les plus importantes doivent être traitées avant toute autre chose
Par où commencer ? Tout d'abord, choisissons le meilleur endroit pour planter la tente.

En primer lugar: hay que tratar las cuestiones más importantes antes que cualquier otra cosa
¿Por dónde empezar? Primero, elijamos el mejor lugar para montar la tienda.

Tout cela pour dire que : le facteur le plus important
Tout cela pour dire que c'est votre patron qui vous harcèle. Vous devriez démissionner.

Todo esto es para decir que: el factor más importante
Todo esto para decir que es tu jefe quien te está acosando. Debería renunciar.

au tout dernier moment : juste à temps.
Sophia a terminé la chambre du bébé juste à temps.

En el último momento: justo a tiempo.
Sophia terminó la habitación del bebé justo a tiempo.

Donner matière à réflexion : quelque chose qui vaut la peine d'être réfléchi.
Ils aiment beaucoup cette chronique dans le journal ; Cela leur donne matière à réflexion.

Dar que pensar: algo en lo que valga la pena pensar.
Les gusta mucho esta columna en el periódico; Esto les da que pensar.

Merde, bonne chance !
souhaiter bonne chance, surtout avant une représentation
Ce soir, c'est la première du film. Bonne chance!

¡Mierda, buena suerte!
Desear buena suerte, especialmente antes de una actuación. Esta noche es el estreno de la película. ¡Buena suerte!

Un petit mensonge : un mensonge sur une question sans importance
Mon frère avait l'habitude de raconter pas mal de petits mensonges quand il était enfant.

Una pequeña mentira: una mentira sobre un tema sin importancia
Mi hermano solía decir muchas mentiras cuando era niño.

Et encore moins : sans parler de
La location d'un appartement à Londres coûte un bras et une jambe. Et encore moins d'en acheter un !

Y aún menos: ¡por no hablar
Alquilar un apartamento en Londres cuesta un ojo de la cara. ¡Y menos aún para comprar uno!

Depuis un bail, des lustres : depuis très longtemps
Ma sœur vit en Australie depuis 4 ans. Je ne l'ai pas vue depuis des lustres !

Durante mucho tiempo, durante siglos: durante mucho tiempo
Mi hermana vive en Australia desde hace 4 años. ¡No lo he visto en años!

Bien sûr, évidemment : lorsque vous accordez l'autorisation
Puis-je emprunter votre stylo s'il vous plaît ? Bien sûr !

Por supuesto, por supuesto: cuando concedes permiso
¿Puedo prestarme su bolígrafo, por favor? ¡Claro!

À tous les niveaux : concernant tout et tout le monde
Cette décision créera un effet domino à tous les niveaux.

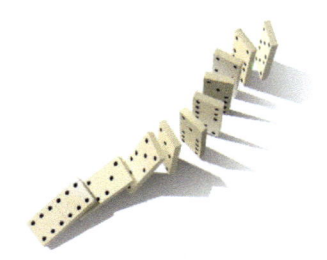

A todos los niveles: sobre todo y sobre todos
Esta decisión creará un efecto dominó a todos los niveles.

Tiens, au fait : lorsque vous ajoutez quelque chose de nouveau, légèrement hors sujet, à une discussion en cours
L'autre jour, je lisais sur les voitures autonomes, et... Au fait, avez-vous acheté des légumes ?

Por cierto: cuando añades algo nuevo, ligeramente fuera de tema, a una discusión en curso
El otro día, estaba leyendo sobre los coches autónomos, y... Por cierto, ¿compraste verduras?

De zéro, à partir de rien : dès le début
J'ai construit le studio de mes rêves à partir de zéro. Cela m'a pris environ un an.

De cero, de cero: desde el principio
Construí el estudio de mis sueños desde cero. Me llevó alrededor de un año.

Être copains comme cochons : s'entendre vraiment
Maria et Dan sont copains comme cochons

Ser amigos como los cerdos: llevarse bien de verdad
María y Dan son amigos como cerdos

Et voilà, ô surprise, utilisé pour exprimer l'émerveillement et la surprise
Nous venions de parler de Steve quand, ô surprise, il est entré dans la cuisine.

Y ahí lo tienes, oh sorpresa, usado para expresar asombro y sorpresa
Acabábamos de hablar de Steve cuando, sorpresa, entró en la cocina.

Faire exprès, intentionnellement
Jacob a blessé sa petite sœur, mais c'était un accident. Il ne l'a pas fait exprès.

Adrede
Jacob hirió a su hermanita, pero fue un accidente. No lo hizo a propósito.

Sur le champ : immédiatement, sans délai
J'ai besoin de vous parler sur-le-champ.

Inmediatamente, sin demora
Necesito hablar contigo ahora mismo.

Faites comme chez vous! : pour que quelqu'un se sente comme chez lui. Asseyez-vous, je vous prie. Faites comme chez vous!

¡Sentirse como en su casa! : para hacer que alguien se sienta como en casa. Siéntate, te lo ruego. ¡Sentirse como en su casa!

Une fois tous les trente-six du mois, de temps en temps :
Je vais acheter des vêtements de temps en temps, seulement quand je n'ai plus rien à porter.

Una vez cada treinta y seis días al mes, de vez en cuando:
Voy a comprar ropa de vez en cuando, solo cuando no me queda nada que ponerme.

Pourrait tout aussi bien, autant : proposer de faire quelque chose.
Le vent s'est levé. Autant faire de la voile !

Podría tan bien, lo mismo: proponer hacer algo.
El viento se ha levantado. ¡Es mejor que te vayas a navegar!

401

Faire partie intégrante : une partie essentielle et incontournable de quelque chose
La gestion de classe fait partie intégrante de mon métier d'enseignante.

Ser una parte integral: una parte esencial e inevitable de algo
La gestión del aula es una parte integral de mi trabajo como profesor.

402

Tant pis, peu importe de dire à quelqu'un de ne pas s'inquiéter de quelque chose qui n'est pas si important. Oups, je viens de rater mon bus... Tant pis, je vais marcher.

No importa, no importa si le dices a alguien que no se preocupe por algo que no es tan importante. Vaya, acabo de perder mi autobús... No importa, voy a caminar.

403

Une sacrée somme d'argent, une grosse somme d'argent.
J'ai payé une sacrée somme d'argent pour cette nouvelle guitare.

Un montón de dinero, una gran cantidad de dinero.
Pagué un montón de dinero por esta nueva guitarra.

404

405

Remettre à plus tard, lorsque vous refusez une invitation, en suggérant que vous seriez prêt à accepter plus tard. Je suis désolé de devoir remettre à plus tard. Peut-être la prochaine fois. Je suis trop occupé à travailler.

Procrastinar, cuando rechazas una invitación, sugiriendo que estarías dispuesto a aceptar más tarde. Lamento tener que posponerlo. Tal vez la próxima vez. Estoy demasiado ocupado trabajando.

406

Tout de suite : immédiatement
Je suis en retard. Je dois partir tout de suite !

De inmediato: inmediatamente
Llego tarde. ¡Tengo que irme ahora mismo!

407

Nickel, impeccable : très propre
Je nettoie ma maison depuis trois heures. C'est impeccable maintenant

Níquel, inmaculado: muy limpio
Llevo tres horas limpiando mi casa. Ahora está impecable

408

Vas - y doucement : pour vous détendre, être calme
Allez-y doucement mon ami. Vous vous mettez trop de pression.

Tómatelo con calma: para relajarse, para estar tranquilo
Tómatelo con calma, amigo mío. Te presionas demasiado a ti mismo.

Cela ne tient pas la route : n'a pas de sens, n'est pas raisonnable, n'est pas basé sur des faits
Cette théorie ne tient pas la route. C'est tout simplement absurde.

No se sostiene: no tiene sentido, no es razonable, no se basa en hechos
Esta teoría no se sostiene. Esto es simplemente absurdo.

Contre vents et marées : contre toutes les circonstances
Quoi qu'il en coûte, je vous suivrai contre vents et marées.

Contra viento y marea: contra todas las circunstancias
Cueste lo que cueste, te seguiré contra viento y marea.

Avoir les pieds sur terre : être honnête, direct, pratique. Parfois même en manque d'imagination et de fantaisie John a toujours été très terre-à-terre. Il voit toujours le bon côté de chaque personne.

Ten los pies en la tierra: sé honesto, directo, práctico. A veces, incluso careciendo de imaginación y fantasía, John siempre ha sido muy realista. Él siempre ve el lado bueno de cada persona.

Être mal à l'aise : inconfortable
Ma patronne a fait un commentaire maladroit sur l'une de mes collègues qui l'a mise mal à l'aise.

Estar incómodo: incómodo
Mi jefa hizo un comentario incómodo sobre una de mis compañeras de trabajo que la hizo sentir incómoda.

Être dans le pétrin : être en difficulté, se retrouver dans une situation difficile
Il a échoué en physique et il n'a pas parlé de ses notes à ses parents. Il est dans le pétrin maintenant.

Estar en problemas: estar en problemas, encontrarse en una situación difícil
Suspendió en física y no les contó a sus padres sobre sus calificaciones. Ahora está en problemas.

Prendre le taureau par les cornes : pour se forcer à faire quelque chose de désagréable
Nina va prendre le taureau par les cornes et aller rompre avec son petit ami.

Tomar el toro por los cuernos: obligarse a hacer algo desagradable
Nina tomará el toro por los cuernos y romperá con su novio.

Briser la glace : essayer de faire la conversation ou de raconter quelque chose de drôle lorsque vous rencontrez quelqu'un pour la première fois
Lorsque les gens sont arrivés, Chris a essayé de briser la glace en faisant de mauvaises blagues.

Romper el hielo: tratar de entablar una conversación o decir algo gracioso cuando conoces a alguien por primera vez
Cuando la gente llegaba, Chris intentaba romper el hielo haciendo chistes malos.

Tourner autour du pot : essayer d'éviter de parler d'un sujet spécifique
Allez, parlez-moi. Arrêtez de tourner autour du pot.

Andarse por las ramas: tratar de evitar hablar de un tema específico
Vamos, háblame. Deja de andarte por las ramas.

Ne pas être dans son assiette : se sentir mal
Je ne suis pas dans mon assiette ce matin.

No estar en tu plato: sentirte mal
No estoy en mi mejor forma esta mañana.

Une bonne fois pour toutes : enfin, pour la dernière fois
Nous devons nous attaquer à ce problème et régler les choses une bonne fois pour toutes.

De una vez por todas: por fin, por última vez
Tenemos que abordar este problema y solucionarlo de una vez por todas.

Quand les poules auront des dents : quelque chose qui n'arrivera jamais
Mon équipe de football gagnera un match quand les poules auront des dents

Cuando las gallinas tienen dientes: algo que nunca sucederá
Mi equipo de fútbol ganará un partido cuando las gallinas tengan dientes

---

À jour : conformément aux dernières informations.
La liste est à jour maintenant que nous avons ajouté les noms des nouveaux membres.

Actualizado: de acuerdo con la información más reciente.
La lista está actualizada ahora que hemos agregado los nombres de los nuevos miembros.

Prometteur : progressant bien, en devenir.
Ce jeune garçon est un comédien prometteur.

Prometedor: progresando bien, en ciernes.
Este joven es un actor prometedor.

En état de marche : fonctionnel
Opérationnelle.
La nouvelle usine de Tesla est enfin opérationnelle.

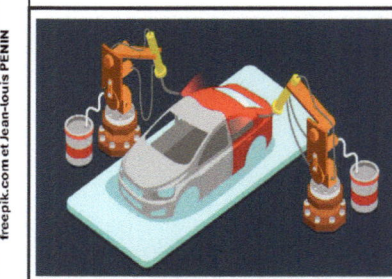

En buen estado de funcionamiento: funcional
Operacional.
La nueva fábrica de Tesla ya está operativa.

Fonctionner comme un charme : fonctionne parfaitement.
Ma vieille radio des années 1960 fonctionne toujours comme un charme.

Funciona a las mil maravillas: funciona perfectamente.
Mi vieja radio de la década de 1960 todavía funciona a las mil maravillas.

Dormir comme une bûche : dormir profondément.
Bonjour! Avez-vous bien dormi ? Ah oui, comme une bûche !

Duerme como un tronco: duerme profundamente.
¡Hola! ¿Has dormido bien? ¡Oh, sí, como un tronco!

Être sur un petit nuage : se sentir extrêmement heureux et excité
Depuis leur mariage, Maria et Kev sont sur un petit nuage.

Estar en las nubes: sentirse extremadamente feliz y emocionado
Desde su boda, María y Kev han estado en las nubes

Travailler jusqu'à l'aube : étudier ou travailler très tard le soir
Je dois travailler jusqu'à l'aube pour terminer ma dissertation de philosophie.

Trabajar hasta el amanecer: estudiar o trabajar hasta muy tarde en la noche
Tengo que trabajar hasta el amanecer para terminar mi tesis de filosofía.

Appeler un chat un chat : quand on parle clairement et directement de quelque chose
Soyons honnêtes : votre nouveau voisin est vraiment ennuyeux. Appelons un chat un chat.

Llamar a las cosas por su nombre: cuando hablas clara y directamente sobre algo
Seamos honestos: tu nuevo vecino es realmente molesto. Llamemos a las cosas por su nombre.

Se dégonfler, avoir la trouille : se sentir soudainement nerveux à propos de quelque chose que vous étiez censé faire. Il a grimpé tout le long du pont et a fini par se dégonfler. Le saut à l'élastique peut être une expérience éprouvante pour les nerfs.

Tener miedo: De repente te sientes nervioso por algo que se suponía que debías hacer. Trepó por toda la cubierta y finalmente se desinfló. El puenting puede ser una experiencia angustiosa.

Donner un coup de main.
Donnez-moi un coup de main, s'il vous plaît. Je dois déplacer cette machine à laver.

Echar una mano. Dame una mano, por favor. Necesito mover esta lavadora.

S'arrêter là , décider d'arrêter de travailler .
Il est 23h00. Ce fut une journée productive. On s'arrête là pour aujourd'hui.

Detente ahí, decide dejar de trabajar.
Son las 11:00 p.m. Fue un día productivo. Nos detendremos allí por hoy.

Cela coûte un bras, pour être très cher.
La location d'un appartement à Londres coûte un bras. Et encore moins d'en acheter un !

Cuesta un ojo de la cara, para ser muy caro.
Alquilar un apartamento en Londres cuesta un ojo de la cara. ¡Y menos aún para comprar uno!

Gagner sa vie : gagner assez d'argent pour subvenir à ses besoins et à ceux de sa famille
Il gagne sa vie en nettoyant les maisons des gens.

Ganarse la vida: ganar suficiente dinero para mantenerse a sí mismo y a su familia
Se gana la vida limpiando las casas de la gente.

Joindre les deux bouts : pour gagner juste assez d'argent pour survivre.
John a du mal à joindre les deux bouts en servant de la nourriture dans cet endroit effrayant

Llegar a fin de mes: ganar el dinero justo para sobrevivir.
John lucha por llegar a fin de mes sirviendo comida en este lugar espeluznante

---

Faire une montagne d'une taupinière exagérer quelque chose d'insignifiant.
Mika a échoué à son test de plongeurs hier. Il est très contrarié à ce sujet. Il est clairement en train de faire une montagne d'une taupinière.

Hacer una montaña de un grano de arena exagera algo insignificante.
Mika falló su prueba de clavadista ayer. Está muy molesto por eso. Está claro que está haciendo una montaña de un grano de arena.

Se moquer de : rire de quelqu'un
Mon frère se moque toujours de moi parce que je ne sais pas siffler. Cela me rend fou.

Burlarse de: reírse de alguien
Mi hermano siempre se ríe de mí porque no sé silbar. Me vuelve loco

---

Devenir fou, se lâcher, extrêmement excité.
Il est devenu fou quand il a appris qu'il avait gagné 20 000 livres à la loterie.

Volviéndome loco, dejándome llevar, extremadamente emocionado.
Se volvió loco cuando se enteró de que había ganado 20.000 libras en la lotería.

Suivre le mouvement : se mettre d'accord avec d'autres personnes pour faciliter les choses, accepter une situation
Il suffit de se détendre et de suivre le mouvement, il ne peut pas faire de mal.

Dejarse llevar: ponerse de acuerdo con otras personas para hacer las cosas más fáciles, para aceptar una situación
Simplemente relájate y déjate llevar, no puede doler.

ça me rend fou, pour agacer.
Cela me rend fou quand mon voisin passe l'aspirateur tard dans la nuit.

Me vuelve loco, molestar.
Me vuelve loco cuando mi vecino aspira a altas horas de la noche.

Tomber dans le panneau, se faire piéger.
J'ai fait une blague à mon cousin Richard et il est immédiatement tombé dans le panneau.

Caer en la trampa, quedar atrapado.
Le gasté una broma a mi primo Richard y él cayó en la trampa de inmediato.

Manger un morceau : pour manger quelque chose.
Sur le chemin du retour après une soirée, il a mangé un morceau avec son plat à emporter indien préféré.

Comer un bocado: comer algo.
De camino a casa después de una noche de fiesta, comió algo con su comida india favorita para llevar.

Se décider, prendre son parti, prendre une décision.
As-tu pris ton parti pour samedi soir ? Vous venez avec nous ?

Decidir, decidirse, tomar una decisión.
¿Has tomado una decisión para el sábado por la noche? ¿Te vienes con nosotros?

---

se tenir au courant, garder le contact.
Lors de leur premier rendez-vous, ils se sont embrassés et se sont promis de rester en contact.

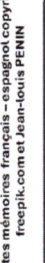

Mantente al día, mantente en contacto.
En su primera cita, se besaron y prometieron seguir en contacto.

Connaître les ficelles du métier
Il travaille dans un garage et connaît les ficelles du métier lorsqu'il s'agit de réparer des voitures.

Conocer los trucos del oficio
Trabaja en un taller y conoce los entresijos cuando se trata de reparar coches.

Avoir le bec sucré, aimer le sucre envie de manger quelque chose de sucré.
Je ne mange jamais assez de chocolat. J'ai définitivement la dent sucrée.

Le gustan los dulces, le encanta el azúcar, quiere comer algo dulce.
Nunca puedo comer suficiente chocolate. Definitivamente soy goloso.

Dire quelque chose, faire penser à, mais vous n'êtes pas tout à fait sûr de ce que c'est.
Tiffani Amber Thiessen ? Oui, son nom vous dit quelque chose.

Di algo, haz que la gente piense, pero no estás muy seguro de lo que es.
¿Tiffani Amber Thiessen? Sí, su nombre te suena.

S'énerver ou se mettre en colère de manière inattendue
Mon patron s'est mis en colère pendant la réunion du matin. Il n'avait pas beaucoup dormi la nuit précédente.

Molestarse o enojarse inesperadamente
Mi jefe se enojó durante la reunión de la mañana. No había dormido mucho la noche anterior.

Sur les nerfs : nerveux
Ça va ? Vous semblez un peu sur les nerfs ce soir.
Qu'est-ce qui ne va pas?

Sobre los nervios: nervioso
¿Muy bien? Pareces estar un poco nervioso esta noche.
¿Qué pasa?

Suivre les traces de quelqu'un : faire les mêmes choses que quelqu'un que l'on admire a fait avant.
Il a suivi les traces de son oncle en devenant comédien.

Seguir los pasos de alguien: hacer las mismas cosas que alguien a quien admiras ha hecho antes.
Siguió los pasos de su tío y se convirtió en actor.

Être pris en flagrant délit, la main dans le sac.
Marie a essayé de tricher lors de son examen de maths. Elle a été prise en flagrant délit.

Que te pillen con las manos en la masa.
Mary trató de hacer trampa en su examen de matemáticas. La pillaron con las manos en la masa.

Adorer faire quelque chose, s'éclater à.
J'adore couper du bois pendant l'hiver.

Amar hacer algo, divertirse.
Me encanta cortar madera durante el invierno.

Charlie a presque révélé le secret devant Anthony

Charlie casi revela el secreto frente a Anthony

METEO

TIEMPO

La neige a recouvert la terre

La nieve cubrió la tierra

La neige a fondu

La nieve se ha derretido

La météo change

El clima cambia

L'éclair du tonnerre était aveuglant

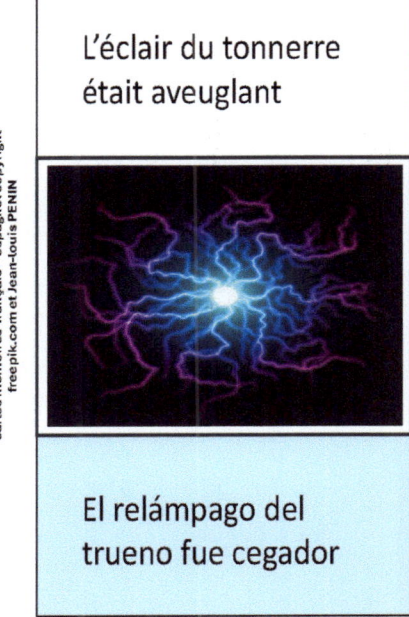

El relámpago del trueno fue cegador

Il a plu à verse toute la journée

Llovió mucho todo el día

Je pense qu'il bruine un peu

Creo que está lloviznando un poco

Il neige souvent en hiver

A menudo nieva en invierno

C'est une journée venteuse aujourd'hui

Hoy es un día ventoso

Il pleut à verse toute la journée

Llueve mucho todo el día

L'éclair a frappé l'arbre

El rayo cayó en el árbol

Le soleil se lève à six heures

El sol sale a las seis en punto

Le soleil se couche à huit heures

El sol se pone a las ocho en punto

C'était une soirée très froide

Era una noche muy fría

C'était une journée pluvieuse

Era un día lluvioso

Maintenant le ciel est clair

Ahora el cielo está despejado

Cette plaine est complètement plate

Esta llanura es completamente plana

La rosée brille au soleil

El rocío brilla al sol

L'orage approche très vite

La tormenta se acerca muy rápidamente

Quelle est la météo pour aujourd'hui ?

¿Qué tiempo hace hoy?

La température est montée au-dessus de zéro

La temperatura se elevó por encima de cero

Il y a une soudaine baisse de la température

Hay un descenso brusco de la temperatura

L'eau a complétement gelé

El agua se ha congelado por completo

La température est descendue au-dessous de zéro

La temperatura ha descendido por debajo de cero

Il y a une énorme congère devant la maison

Hay un enorme ventisquero frente a la casa

Tout sur la maison et les appartements

Todo sobre la casa y los apartamentos

Avoir une maison à soi est le rêve de tout homme sain de corps et d'esprit.

Tener una casa propia es el sueño de todo hombre sano de cuerpo y mente.

La plupart des gens vivent dans une maison dont ils ne sont pas propriétaires

La mayoría de las personas viven en una casa que no es de su propiedad

---

Les moins riches louent une maison ou un appartement qui ne leur appartient pas

Los menos pudientes alquilan una casa o apartamento que no les pertenece

Le propriétaire d'une maison loue aux locataires qui paient un loyer chaque mois

El propietario de una casa alquila a inquilinos que pagan alquiler cada mes

489

Le bail fixe les conditions dans lesquelles le propriétaire loue sa maison et le montant du loyer à payer le jour du terme.

El contrato de arrendamiento establece las condiciones en las que el propietario alquila su casa y el importe de la renta que debe pagarse el día del plazo.

490

Si le locataire ne paie pas son loyer, le propriétaire peut le mettre à la porte, mais il ne peut le faire sans lui donner son congé

Si el inquilino no paga el alquiler, el propietario puede echarlo, pero no puede hacerlo sin avisarle

491

Certains propriétaires ont soit des appartements meublés, soit des chambres à louer. Ils accueillent des locataires ou des pensionnaires.

Algunos propietarios tienen apartamentos amueblados o habitaciones para alquilar. Dan la bienvenida a inquilinos o huéspedes.

492

Lorsqu'une personne ne peut pas rester dans une maison, elle doit déménager et en chercher une autre. Un déménagement n'est pas une affaire simple.

Cuando una persona no puede quedarse en una casa, tiene que mudarse y buscar otra. Mudarse no es un asunto sencillo.

Si un homme est assez riche, il peut soit acheter une maison, soit en faire construire une.

Si un hombre es lo suficientemente rico, puede comprar una casa o hacer que le construyan una.

Si une personne achète une maison, elle s'adresse à un agent immobilier qui a une liste de maisons à vendre.

Si una persona está comprando una casa, acude a un agente de bienes raíces que tiene una lista de casas en venta.

Si la personne choisit de faire construire une maison, elle s'adresse à un architecte qui lui propose un site et dessine le plan pour la concevoir.

Si la persona decide construir una casa, recurre a un arquitecto que le propone un sitio y elabora el plan para diseñarlo.

L'entrepreneur fournit les matériaux de construction et les ouvriers. Un chantier est ouvert.

El contratista proporciona los materiales de construcción y los trabajadores. Se está construyendo una obra.

Les premiers ouvriers, à l'aide de pioches et de pelles, creusent les fondations.

Los primeros trabajadores, utilizando picos y palas, cavaron los cimientos.

Du ciment est posé dans les fondations et soutiendra les murs

El cemento se coloca en los cimientos y sostendrá las paredes

Les maçons construisent la maison avec des pierres ou des briques reliées entre elles par du mortier.

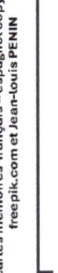

Los albañiles construyen la casa con piedras o ladrillos unidos entre sí por argamasa.

Au fur et à mesure que les murs grandissent, des échafaudages sont montés. Une isolation est installée.

A medida que crecen los muros, se erigen andamios. Se instala el aislamiento.

Les murs des grands bâtiments sont généralement en béton ou en béton armé

Las paredes de los grandes edificios suelen ser de hormigón o de hormigón armado

---

Être propriétaire d'une maison est mieux que d'en être le locataire et ça revient moins cher en fin de compte

Ser propietario de una casa es mejor que alquilarla y al final es más barato

---

Préférez-vous une maison à la campagne ou un appartement en ville ?

¿Preferirías tener una casa en el campo o un apartamento en la ciudad?

Quand il faut déménager, on doit souvent habiter dans un meublé pendant quelques semaines avant d'emménager dans la nouvelle maison

Cuando tiene que mudarse, a menudo tiene que vivir en un apartamento amueblado durante unas semanas antes de mudarse a la nueva casa

---

L'utilisation du bois à des fins de construction est appelée bois de construction. Les charpentiers fabriquent la charpente d'un toit. Il sera recouvert soit de tuiles, soit d'ardoises. Le travail est confié aux carreleurs ou aux ardoisiers.

El uso de la madera con fines de construcción se denomina madera. Los carpinteros hacen el armazón de un techo. Se cubrirá con azulejos o pizarras. El trabajo se confía a alicatadores o pizarros.

Les menuisiers ont une quantité considérable de travail à faire. Ils scient des planches. Ils les rendent lisses au moyen d'un rabot

Los carpinteros tienen una cantidad considerable de trabajo por hacer. Vieron tablas. Los alisan por medio de un avión

---

Les petits morceaux de bois qui s'envolent sont les copeaux. Les menuisiers utilisent un marteau pour enfoncer des clous, un tournevis pour poser des vis, puis ils percent des trous.

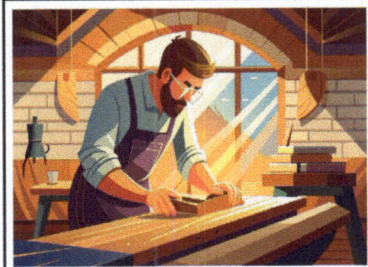

Los pequeños trozos de madera que vuelan son las virutas. Los carpinteros usan un martillo para clavar clavos, un destornillador para colocar tornillos y luego perforan agujeros.

Le plombier installe les lavabos, les baignoires et les robinets de toutes sortes. Ils soudent les tuyaux entre eux et permettent à l'eau froide et chaude de s'écouler jusque dans les évacuations

El fontanero instala lavabos, bañeras y grifos de todo tipo. Sueldan las tuberías y permiten que el agua fría y caliente fluya hacia los desagües

---

Le serrurier installe les serrures qui sont nécessaires pour fermer les maisons à clé. Ils installent aussi les clôtures des jardins, les portails pour les voitures et les portillons.

El cerrajero instala las cerraduras que son necesarias para cerrar las casas. También instalan cercas de jardín, puertas para automóviles y portones.

Le plâtrier aime plâtrer l'intérieur des murs. Ceux-ci sont ensuite peints ou blanchis à la chaux. Le peintre mélange sa peinture dans un seau. Il l'applique avec des pinceaux. Il doit souvent se tenir debout sur une échelle.

Al yesero le gusta enlucido el interior de las paredes. A continuación, se pintan o encalan. El pintor mezcla su pintura en un cubo. Lo aplica con pinceles. A menudo tiene que pararse en una escalera.

Les murs peuvent également être tapissés. C'est l'œuvre du colleur de papier peint. Le vitrier met les vitres.

Las paredes también se pueden empapelar. Es el trabajo del pegador de papel tapiz. El vidriero pone las ventanas.

L'électricien installe le câblage électrique dans toute la maison. il pose les prises et mets des lampes partout où cela est nécessaire.

El electricista instala el cableado eléctrico en toda la casa. Pone los enchufes y pone las lámparas donde sea necesario.

Vous ne pouvez pas vous installer dans votre maison tant que le tapissier et le marchand de meubles ne l'ont pas rendu habitable. Vous pouvez enfin emménager et inviter vos amis à la pendaison de crémaillère.

No puede mudarse a su casa hasta que el tapicero y el comerciante de muebles la hagan habitable. Finalmente puedes mudarte e invitar a tus amigos a la inauguración de la casa.

Malgré un nombre considérable de maisons en construction, le problème du logement est loin d'être résolu.

A pesar de que hay un número considerable de casas en construcción, el problema de la vivienda está lejos de resolverse.

Il y a encore trop de bidonvilles épouvantables et de gens qui vivent dans des pièces sales et surpeuplées.

Todavía hay demasiados barrios marginales espantosos y personas que viven en habitaciones sucias y superpobladas.

De nombreuses maisons délabrées ont besoin d'être démolies. D'autre part, de nombreuses maisons ont été bombardées pendant la dernière guerre.

Muchas casas en ruinas necesitan ser demolidas. Por otro lado, muchas casas fueron bombardeadas durante la última guerra.

Des préfabriqués ont été installés à la hâte et sont toujours utilisés, malgré les grands lotissements qui ont vu le jour à l'extérieur de toutes les grandes villes.

Los edificios prefabricados se instalaron apresuradamente y todavía están en uso, a pesar de las grandes urbanizaciones que han surgido fuera de las principales ciudades.

L'urbanisme a encore de nombreux problèmes à résoudre. Permettre de construire des logements sociaux obligatoires selon les villes et les régions

El urbanismo aún tiene muchos problemas que resolver. Permitir la construcción de viviendas sociales obligatorias según ciudades y regiones

---

Le fait est que les immeubles d'appartements et les immeubles HLM ne sont pas populaires auprès des Anglais. L'anglais moyen veut une maison pour lui-même.

El hecho es que los edificios de apartamentos y los edificios de viviendas sociales no son populares entre los ingleses. El inglés promedio quiere un hogar para sí mismo.

Une maison moderne est généralement individuelle ou jumelée. C'est une maison à deux étages avec le rez-de-chaussée et le dernier étage pour l'étage supérieur.

Una casa moderna suele ser unifamiliar o pareada. Se trata de una casa de dos plantas con la planta baja y la planta alta para la planta superior

---

Une maison ayant un rez-de-chaussée seulement est un bungalow. En France on appelle ces maisons des maisons de plain-pied.

Una casa con solo una planta baja es un bungalow. En Francia, estas casas se llaman casas de una sola planta.

D'habitude, les maisons ont toutes du mobilier, un jardin devant ou derrière la maison, un garage et une cave. parfois il y a un sous-sol, une cour et des grilles fermant la propriété.

Por lo general, todas las casas tienen muebles, un jardín delante o detrás de la casa, un garaje y una bodega. A veces hay un sótano, un patio y puertas que encierran la propiedad.

L'espace sous le toit est le grenier. S'il est éclairé par des fenêtres dans le toit, on l'appelle la mansarde. Au-dessus du toit s'élèvent les cheminées et très souvent, une antenne de télévision.

El espacio bajo el techo es el ático. Si está iluminado por ventanas en el techo, se llama ático. Sobre el techo se elevan las chimeneas y, muy a menudo, una antena de televisión.

Les gratte-ciels sur le modèle américain sont encore très rares dans les villes européennes.
Les tours font une trentaine d'étages mais pas plus, comme la Tour Montparnasse à Paris.

Los rascacielos de estilo americano siguen siendo muy raros en las ciudades europeas.
Las torres tienen unos treinta pisos de altura, pero no más, como la Torre Montparnasse en París.

Une maison a un certain nombre de pièces ou d'appartements qui sont soit petits et même minuscules, soit grands et spacieux ou commodes.

Una casa tiene un número de habitaciones o apartamentos que son pequeños e incluso diminutos, o grandes y espaciosos o convenientes.

Le plafond d'une pièce est soutenu par des poutres et des chevrons. Il est plus ou moins haut ou bas. Il y a des cloisons entre les différentes pièces. Vous marchez sur le sol.

El techo de una habitación está sostenido por vigas y vigas. Es más o menos alto o bajo. Hay tabiques entre las diferentes estancias. Caminas por el suelo.

Si les fenêtres sont larges, et c'est le cas des fenêtres en saillie, les chambres sont claires. Si les fenêtres s'ouvrent sur une rue étroite, les pièces sont mal éclairées voire sombres.

Si las ventanas son amplias, y este es el caso de las ventanas salientes, las habitaciones son luminosas. Si las ventanas dan a una calle estrecha, las habitaciones están mal iluminadas o incluso a oscuras.

Beaucoup de gens aiment décorer leurs rebords de fenêtre avec des pots de fleurs. Les maisons anglaises n'ont pas de volets. Les stores sont tirés à la place.

A muchas personas les gusta decorar los alféizares de sus ventanas con macetas. Las casas inglesas no tienen persianas. En su lugar, se bajan las ciegas.

Si vous laissez plusieurs portes et fenêtres ouvertes, ou simplement entrouvertes, il y aura un courant d'air et les portes claqueront.

Si dejas varias puertas y ventanas abiertas, o simplemente entreabiertas, habrá una corriente de aire y las puertas se cerrarán de golpe.

La plupart des fenêtres anglaises, cependant, ne peuvent pas claquer parce que ce sont des fenêtres à guillotine qui glissent de haut en bas

Sin embargo, la mayoría de las ventanas inglesas no pueden cerrarse de golpe porque son ventanas de guillotina que se deslizan hacia arriba y hacia abajo

---

NOURRITURE REPAS, BOISSONS

ALIMENTOS, COMIDAS, BEBIDAS

L'homme mange parce qu'il a faim. Il veut satisfaire sa faim.

El hombre come porque tiene hambre. Quiere saciar su hambre.

L'homme boit parce qu'il a soif. Il a besoin d'étancher sa soif.

El hombre bebe porque tiene sed. Necesita saciar su sed.

Toute personne normale a de l'appétit quand vient le temps de s'asseoir à table

Toda persona normal tiene apetito cuando llega el momento de sentarse a la mesa

---

Lorsqu'un garçon meurt de faim, la vue d'un aliment savoureux lui mettra l'eau à la bouche

Cuando un niño se muere de hambre, la vista de la comida sabrosa le hará la boca agua

Les garçons et les filles sont souvent gourmands. Ils avaleront leur nourriture (c'est-à-dire avaleront sans la mâcher)

Los niños y las niñas suelen ser codiciosos. Tragarán su comida (es decir, la tragarán sin masticarla)

Ils peuvent manger à se rendre malades. D'autres suceront des bonbons, des candies ou des glaces, toute la journée.

Pueden comer para enfermarse. Otros chuparán dulces, golosinas o helados durante todo el día.

Un gourmet, au contraire, est un homme qui aime la bonne chère, qui est pointilleux sur les différentes façons de cuisiner et d'apprêter les aliments.

Un foodie, por otro lado, es un hombre que ama la buena comida, que es exigente con las diferentes formas de cocinar y preparar la comida.

Certaines personnes peuvent se contenter d'un repas ou d'une collation frugale. D'autres ont besoin d'un repas substantiel.

Algunas personas pueden estar satisfechas con una comida o un refrigerio frugal. Otros necesitan una comida sustanciosa.

La nourriture peut être simple, soit insipide ou savoureuse. Dans tous les cas, elle doit toujours être saine, jamais mauvaise.

La comida puede ser simple, insípida o sabrosa. En cualquier caso, siempre debe ser saludable, nunca malo.

541

Avant chaque repas, la table doit être mise. Tout d'abord, la nappe est posée ou des dessous individuels sont placés directement sur la table.

Antes de cada comida, se debe poner la mesa. En primer lugar, se coloca el mantel o se coloca la ropa interior individual directamente sobre la mesa.

542

Le service de table, c'est-à-dire les assiettes et les plats) est fait de faïence ou de porcelaine.

El servicio de mesa, es decir, los platos y fuentes) es de barro o porcelana.

543

Ce n'est pas tout le monde qui mange dans de la vaisselle d'argent ou d'or !

¡No todo el mundo come de platos de plata u oro!

544

Les couverts seront apportés sur un plateau ou un chariot à dîner. Il comprend les fourchettes, les cuillères et les couteaux

Los cubiertos se traerán en una bandeja o carrito de cena. Incluye tenedores, cucharas y cuchillos

La soupe est servie dans la soupière, la salade dans un saladier. Il y a une serviette ou un essuie-main pour chaque personne.

La sopa se sirve en la sopera, la ensalada en una ensaladera. Hay una toalla o toalla de mano para cada persona.

En Angleterre, il y a en général une petite assiette spécialement utilisée pour le pain, car il n'est jamais mangé directement sur la nappe

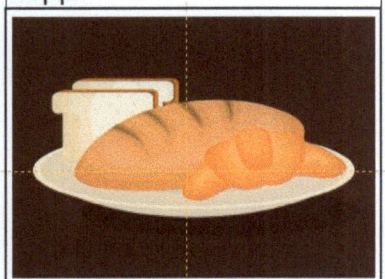

En Inglaterra, hay un plato pequeño especialmente utilizado para el pan, porque nunca se come directamente del mantel

Les tranches de pain peuvent être coupées dans la miche, ou des petits pains sont fournis.

Se pueden cortar rebanadas de pan de la hogaza o se proporcionan panecillos.

Lorsqu'un petit pain est cassé, des miettes tombent sur l'assiette. Le pain peut être frais ou rassis

Cuando se rompe un bollo, las migas caen sobre el plato. El pan puede ser fresco o rancio

---

Les gens boivent souvent de l'eau ou du vin à table, hormis les cafés et thés qu'ils boivent en dehors

La gente suele beber agua o vino en la mesa, a excepción de los cafés y tés que beben al aire libre

---

Le café est versé de la cafetière, le lait de la cruche à lait. le café est réconfortant et ravigote. Il est bu dans toutes les circonstances de la vie

El café se vierte de la cafetera, la leche de la jarra de leche. El café es reconfortante y rejuvenecedor. Se bebe en todas las circunstancias de la vida

---

Le café est naturellement amer et il faut ajouter du sucre pour le rendre sucré. Les morceaux de sucre sont dans le sucrier

El café es naturalmente amargo y se debe agregar azúcar para que sea dulce. Los terrones de azúcar están en el azucarero

Le thé est la boisson nationale des Anglais.

El té es la bebida nacional de los ingleses.

Lorsque la maîtresse de maison sert le thé, elle réchauffe la théière avec de l'eau chaude.

Cuando la señora de la casa sirve el té, calienta la tetera con agua caliente.

Pour préparer le thé, utilisez une cuillerée à café de thé pour chaque personne et une pour la théière

Para hacer el té, use una cucharadita de té para cada persona y una para la tetera

---

Vous devez infuser le thé pendant 3 à 5 minutes et le verser dans de l'eau bouillante

Debe remojar el té durante 3 a 5 minutos y verterlo en agua hirviendo

Vous devez verser du thé dans chaque tasse à thé, placée sur une soucoupe, et ajouter du sucre et du lait ou de la crème.

Debes verter té en cada taza de té, colocada en un platillo, y agregar azúcar y leche o crema.

Nous faisons passer les tasses de thé après avoir recouvert la théière d'un couvre-théière, et lorsque les tasses sont vides, elles sont remplies à nouveau à partir de la théière.

Pasamos las tazas de té después de cubrir la tetera con un cosy de té, y cuando las tazas están vacías, se vuelven a llenar desde la tetera.

Il n'y a généralement rien de plus que de l'eau pour accompagner un repas. Il est versé l'eau de la cruche dans les verres. Le vin est un luxe dans la plupart des pays

Por lo general, no hay nada más que agua para acompañar una comida. El agua de la jarra se vierte en los vasos. El vino es un lujo en la mayoría de los países

---

Les boissons que les gens aiment sont le porto, les vins de Bourgogne ou de Bordeaux, les vins du Rhin et le champagne. La plupart nécessite un tire-bouchon pour ôter le bouchon de la bouteille, et les vins sont généralement servis dans des verres spéciaux.

Las bebidas que gustan a la gente son los vinos de Oporto, Borgoña o Burdeos, los vinos del Rin y el champán. La mayoría requiere un sacacorchos para quitar el corcho de la botella, y los vinos generalmente se sirven en vasos especiales.

La bière est proposée dans plusieurs pays comme la France, l'Allemagne, la Belgique, l'Angleterre et les Pays-Bas. Blonde, brune, ambrée ou noire, elle titre des degrés différents selon les régions du Monde.

La cerveza se ofrece en varios países como Francia, Alemania, Bélgica, Inglaterra y los Países Bajos. Rubia, marrón, ámbar o negra, tiene diferentes grados según la región del mundo.

A part la bière, les différentes boissons alcoolisées sont le cidre, le brandy, le gin, le whisky et toutes les liqueurs. Les personnes qui ne boivent pas du tout d'alcool sont des antialcoolique.

Aparte de la cerveza, las diversas bebidas alcohólicas son la sidra, el brandy, la ginebra, el whisky y todos los licores. Las personas que no beben nada de alcohol son antialcohólicas.

Au lieu de prendre deux grands repas uniques, les Anglais en prennent plusieurs petits. Le petit-déjeuner ouvre la journée, après cela le déjeuner en milieu de journée et le dîner le soir

En lugar de tener dos comidas individuales grandes, los ingleses comen varias comidas pequeñas. El desayuno se abre durante el día, después el almuerzo a mitad del día y la cena por la noche

Le repas de midi s'appelle le déjeuner. Peu de personnes en activité le prennent à la maison. Il se présente généralement sous la forme de pain de mie tranché avec une bouteille d'eau ou de soda

La comida del mediodía se llama almuerzo. Pocas personas en actividad lo toman en casa. Por lo general, viene en forma de pan de sándwich rebanado con una botella de agua o refresco

Les différents modes de cuisson sont soit le rôti, soit le bouilli, soit une grillade ou une cuisson à l'étuvée, soit en friture.

Los diferentes métodos de cocción son asado, hervido, a la parrilla o guisado, o frito.

La viande est soit crue, soit cuite, soit tendre ou dure, maigre ou grasse. Quand elle est cuite, la viande est à point, saignante ou trop cuite. Il peut y avoir du jus de viande selon les modes de cuisson. Elle est mise dans une saucière

La carne puede ser cruda, cocida, tierna o dura, magra o grasa. Cuando está cocida, la carne está medio cruda, cruda o demasiado cocida. Puede haber jugos de carne dependiendo de los métodos de cocción. La meten en una salsera

---

Les condiments sont le sel et le poivre, l'huile et le vinaigre, de la moutarde, des sauces ou des condiments, et des cornichons. Tous sont généralement faits pour relever les plats comme l'ail, l'oignon, le piment ou le persil.

Los condimentos incluyen sal y pimienta, aceite y vinagre, mostaza, salsas o condimentos y encurtidos. Todos ellos generalmente se elaboran para condimentar platos como el ajo, la cebolla, el chile o el perejil.

On distingue les légumes fleurs (artichaut, chou-fleur, brocoli), les légumes feuilles (chou, épinard, salade endive, blette), les légumes fruits (concombre, aubergine, courgette, tomate), les légumes à bulbe (oignon, échalote, ail) et les légumes tubercules (topinambour, pomme de terre)

Se distingue entre hortalizas con flores (alcachofa, coliflor, brócoli), hortalizas de hoja (col, espinacas, escarola, acelga), hortalizas frutales (pepino, berenjena, calabacín, tomate), hortalizas bulbosas (cebolla, chalota, ajo) y hortalizas tubérculas (alcachofa de Jerusalén, patata

Les desserts sont tous les plats sucrés comme les entremets, le riz au lait, le pudding, le flan, la tarte, la confiture, un gâteau ou une pâtisserie ou des biscuits

Los postres son todos los platos dulces como postres, arroz con leche, budín, flan, tarta, mermelada, tarta o pastelería o galletas

LA VIE DOMESTIQUE

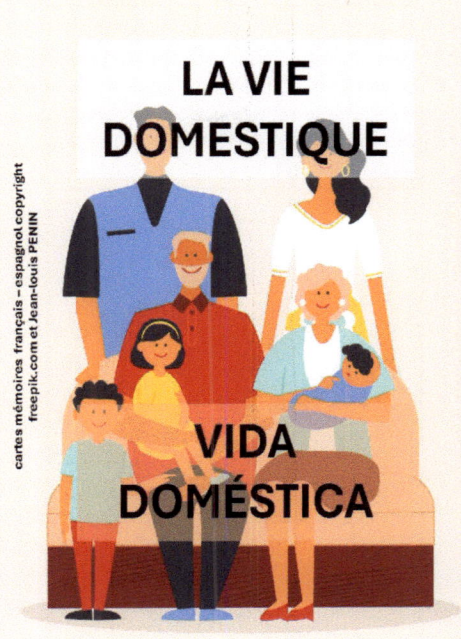

VIDA DOMÉSTICA

Lorsqu'un visiteur vient rendre visite à M. Smith, il pousse la porte du jardin, puis se dirige vers la porte d'entrée. Il se tient sur le seuil de la porte et sonne ou frappe avec le heurtoir de porte, comme ceci : toc toc toc

Cuando un visitante viene a visitar al Sr. Smith, empuja la puerta del jardín y luego se dirige a la puerta principal. Se para en el umbral de la puerta y llama o llama con la aldaba, así: toc toc toc

Lorsque M. Smith quitte sa maison, il verrouille la porte, met l'alarme en marche et, à son retour, il met la clé dans le trou de la serrure et déverrouille la porte. Il éteint l'alarme. La nuit, il verrouille la porte.

Cuando el Sr. Smith sale de su casa, cierra la puerta con llave, pone la alarma y, cuando regresa, pone la llave en el ojo de la cerradura y abre la puerta. Apaga la alarma. Por la noche, cierra la puerta con llave.

Lorsque la porte d'entrée est ouverte, le visiteur se retrouve dans le hall. Il y a un porte-manteau sur lequel il peut accrocher son chapeau et son manteau. Au fond du hall, il voit l'escalier qui mène au dernier étage. Il y a aussi un couloir.

Cuando se abre la puerta principal, el visitante se encuentra en el vestíbulo. Hay un perchero en el que puede colgar su sombrero y su abrigo. Al final del pasillo, ve la escalera que conduce al último piso. También hay un pasillo.

Le visiteur sera introduit dans le salon ou dans la salle de séjour ou salon. C'est la pièce où se déroule la vie de famille. D'où son autre nom, le living room.

El visitante será introducido a la sala de estar o a la sala de estar o salón. Es la habitación donde se desarrolla la vida familiar. De ahí su otro nombre, el salón.

La poignée de main est une mode continentale. Lorsque les visiteurs sont accueillis, on leur dira « mettez-vous à l'aise ». Il y a en effet deux fauteuils confortables et une chaise profonde ou un canapé avec des coussins moelleux.

El apretón de manos es una moda continental. Cuando se recibe a los visitantes, se les dirá que "se pongan cómodos". De hecho, hay dos sillones cómodos y una silla o sofá profundo con cojines suaves.

La chambre est douillette et confortable. Un tapis profond recouvre le sol. Bien qu'il y ait probablement un rideau à la fenêtre, les meubles modernes sont généralement simples.

La habitación es acogedora y cómoda. Una alfombra profunda cubre el suelo. Si bien es probable que haya una cortina en la ventana, los muebles modernos suelen ser simples.

PROVERBES

PROVERBIOS

Ventre affamé n'a point d'oreilles

Un vientre hambriento no tiene orejas

La faim est le meilleur des cuisiniers

El hambre es el mejor cocinero

La qualité se révèle à l'usage

La calidad se revela en el uso

Il y a loin de la coupe aux lèvres

Hay un largo camino desde la copa hasta los labios

A bon vin point d'enseigne

Un buen vino sin rastro

Quand le vin est tiré, il faut le boire

Cuando se saca el vino, hay que beberlo

Les affaires sont les affaires.

Los negocios son los negocios.

L'appétit vient en mangeant.

El apetito viene con la comida.

L'argent est le nerf de la guerre.

El dinero es el nervio de la guerra.

L'argent n'a pas d'odeur.

El dinero no tiene olor

Avoir les yeux plus gros que le ventre.

Tener ojos más grandes que el vientre.

La fortune sourit aux audacieux.

La fortuna sonríe en el audaz.

Gouverner c'est prévoir.

Gobernar es prever.

Grâce à Dieu, tout est possible.

¡Gracias a Dios, todo es posible.

Un homme averti en vaut deux.

Prevenido está prevenido.

Il n'y a que les montagnes qui ne se rencontrent jamais.

Solo hay montañas que nunca se encuentran.

Impossible n'est pas français.

Lo imposible no es francés.

Les jours se mesurent à ce qu'on fait.

Los días se miden por lo que hacemos.

Le monde appartient à ceux qui se lèvent tôt.

El mundo es de los que madrugan.

Les petits ruisseaux font les grandes rivières.

Los arroyos pequeños hacen grandes ríos.

601

Quand on veut, on peut.

Donde hay voluntad, hay un camino.

602

Qui ne risque rien, n'a rien.

El que no arriesga nada, no tiene nada.

603

Qui veut la fin veut les moyens.

El que quiere el fin, quiere los medios.

604

Qui veut voyager loin,
ménage sa monture.

Si quieres viajar lejos,
debes cuidar de tu caballo.

La raison du plus fort est
toujours la meilleure.

El poder tiene razón.

L'ami de mon ami est
mon ami.

El amigo de mi amigo es
mi amigo.

Mieux vaut être seul
que mal accompagné.

Mejor estar solo que
en malas compañías.

609
Les petits cadeaux entretiennent l'amitié.
Los pequeños regalos mantienen viva la amistad.

610
Qui a bon voisin a bon matin.
Quien tiene un buen vecino tiene buenos días.

611
Il n'y a pas de fumée sans feu
Donde hay humo, hay fuego

612
Malheureux au jeu, heureux en amour.
Donde hay humo, hay fuego

Qui part à la chasse perd sa place.

Quien va a cazar pierde su lugar.

On ne peut faire boire un âne qui n'a pas soif.

No se puede hacer beber a un burro si no tiene sed.

Mettre la charrue devant les bœufs.

Poner el carro delante del caballo.

Prendre le taureau par les cornes.

Tomar al toro por las astas.

Qui vole un oeuf vole un boeuf.

El que roba un huevo, roba un buey.

Avoir d'autres chats à fouetter.

Ten otros peces para freír.

Appeler un chat un chat.

Llamar a las cosas por su nombre.

Chat échaudé craint l'eau froide.

Una vez mordido, dos veces tímido.

Les chiens ne font pas des chats.

Los perros no hacen gatos.

Il ne faut pas réveiller un chat qui dort.

No querrás despertar a un gato dormido.

Un tient vaut mieux que deux tu l'auras

Mejor es uno en la mano que dos en la mano

La nuit, tous les chats sont gris.

Todos los gatos son grises en la oscuridad.

Quand le chat n'est pas là, les souris dansent.

Cuando el gato no está, los ratones juegan.

Chien qui aboie ne mord pas.

Un perro que ladra no muerde.

Les chiens aboient et la caravane passe.

Los perros ladran y la caravana pasa.

Les loups ne se mangent pas entre eux.

Los lobos no se comen no entre ellos.

Ménager la chèvre et le chou.

Perdonar a la cabra y repollo.

Faute de grives, on mange des merles.

Por falta de tordos, Comemos mirlos.

Une hirondelle ne fait pas le printemps.

Una golondrina no hace verano.

Il ne faut pas mettre tous ses œufs dans le même panier.

No debes poner todos los huevos en la misma canasta.

Petit poisson deviendra grand, pourvu que Dieu lui prête vie.

Los peces pequeños se volverán grandes, siempre que Dios les dé vida.

Il ne faut pas vendre la peau de l'ours avant de l'avoir tué.

Hacer la cuenta sin el tabernero.

On n'apprend pas à un vieux singe à faire des grimaces.

No puedes enseñarle nuevos trucos a un perro viejo.

On n'attrape pas les mouches avec du vinaigre.

Las moscas no se atrapan con vinagre.

On ne prend pas les mouches avec du vinaigre, mais avec du miel

Las moscas no se capturan con vinagre, sino con miel

Abondance de biens ne nuit point.

La abundancia de bienes no hace daño.

L'argent ne fait pas le bonheur.

El dinero no puede comprar la felicidad.

La parole est d'argent, le silence est d'or.

El sueño es plata, el silencio es oro.

Pierre qui roule n'amasse pas mousse. Una piedra rodante no recoge musgo.	Plaie d'argent n'est pas mortelle.  Silver Wound no es fatal.
Qui paye ses dettes s'enrichit.  El que paga sus deudas se hace más rico.	Vouloir c'est pouvoir. Donde hay voluntad, hay un camino.

Dans l'adversité, on connaît ses amis.

En la adversidad, conoces a tus amigos.

À toute chose, malheur est bon.

Para todas las cosas, la desgracia es buena.

Au royaume des aveugles, les borgnes sont rois.

En el reino de los ciegos, los tuertos son reyes.

De deux maux, il faut choisir le moindre.

De dos males, debemos elegir el menor.

C'est la goutte d'eau qui fait déborder le vase. Esta es la gota que colma el vaso.	La curiosité est un vilain défaut. La curiosidad mató al gato.
Deux avis valent mieux qu'un. Dos cabezas piensan mejor que una.	Les murs ont des oreilles. Las paredes tienen orejas.

Le jeu n'en vaut pas la chandelle.

El juego no vale la pena.

Méfiance est mère de sûreté.

La desconfianza es la madre de la seguridad.

Qui ne fait rien n'a rien.

Nada ganado.

Qui ne risque rien, n'a rien.

El que no arriesga nada, no tiene nada.

À cœur vaillant rien d'impossible.

Con un corazón valiente nada es imposible.

L'exactitude est la politesse des rois.

La precisión es la cortesía de los reyes.

La nuit porte conseil.

Consultarlo con la almohada.

On a souvent besoin d'un plus petit que soi.

A menudo necesitamos a alguien más pequeño que nosotros.

On n'est jamais si bien servi que par soi-même.

Si quieres que algo se haga bien, hazlo tú mismo.

Patience et longueur de temps font mieux que force ni que rage.

La paciencia y la duración del tiempo son mejores que la fuerza o la rabia.

Péché avoué est à moitié pardonné.

El pecado confesado es perdonado a medias.

Personne n'est parfait.

Nadie es perfecto.

Qui va lentement, ménage sa monture.

El que va despacio, cuida de su caballo.

Tourner sa langue sept fois dans sa bouche avant de parler.

Retuerce la lengua siete veces en la boca antes de hablar.

Tout vient à point nommé pour qui sait attendre.

Todo llega en el momento adecuado para los que saben esperar.

Apporter de l'eau à son moulin.

Llevando la molienda a tu molino.

Avoir plus d'une corde à son arc.

Ten más de una cuerda en tu arco.

Bien mal acquiS ne profite jamais.

Las ganancias mal habidas nunca benefician.

Les bons comptes font les bons amis.

Las cuentas correctas Haz buenos amigos.

C'est au pied du mur qu'on connaît le maçon.

Es de espaldas a la pared que conocemos al albañil.

C'est en forgeant qu'on devient forgeron.

La práctica hace al maestro.

Chose promise, chose due.

Escogiste la promesa, elegiste lo debido.

Les cordonniers sont les plus mal chaussés.

Los hijos del zapatero siempre van descalzos.

Dix fois sur le métier, remettre son ouvrage

Diez veces en el trabajo, entrega su trabajo

Il faut battre le fer quand il est chaud.

Tienes que golpear la plancha cuando está caliente.

681

Il ne faut pas jeter le manche après la cognée.

No debes tirar el mango después del hacha.

682

La plus belle fille du monde ne peut donner que ce qu'elle a.

La chica más hermosa del mundo solo puede dar lo que tiene.

683

Qui sème le vent récolte la tempête.

Siembra el viento y cosecha el torbellino.

684

Qui s'y frotte s'y pique.

Quien se frota contra él, se pica.

À vaincre sans péril, on triomphe sans gloire.

El triunfo sin peligro no trae gloria.

De la discussion jaillit la lumière.

De la discusión surge la luz.

Envoyer quelqu'un sur les roses.

Envía a alguien a las rosas.

Les plaisanteries les plus courtes sont les meilleures.

Los chistes más cortos son los mejores.

Comme on fait son lit, on se couche.

Como uno hace su cama, uno se va a la cama.

Être logés à la même enseigne.

Estar en el mismo barco.

Petit à petit l'oiseau fait son nid.

De pequeños trazos caían grandes robles.

Qui se ressemble s'assemble.

Los pájaros de un mismo plumaje se juntan en bandadas.

Ça ne casse pas trois pattes à un canard.

No rompe las patas de un pato.

l'oisiveté est mère de tous les vices.

La ociosidad es la madre de la todos los vicios.

après la pluie le beau temps

La luz al final del túnel

Chassez le naturel, il revient au galop

El leopardo no puede cambiar sus manchas

Cœur qui soupire n'a pas ce qu'il désire

Un corazón que suspira no tiene lo que desea

---

en avril ne te découvre pas d'un fil

En abril, no te descubras por un hilo

---

il ne faut pas dire fontaine, je ne boirai pas de ton eau.

No debo decir fuente, no beberé tu agua.

il ne faut pas remettre au lendemain ce qu'on peut faire le jour même

No debemos dejar para mañana lo que podemos hacer el mismo día

---

Je n'ai pas le temps.
C'est l'heure.
Je n'ai pas de temps à perdre.

No tengo tiempo.
Es el momento.
No tengo tiempo que perder.

Rechercher.
J'ai cherché mon stylo toute la journée.

Investigación.
He estado buscando mi bolígrafo todo el día.

Je vais chercher ma mère à la gare, où elle arrive à sept heures.

Voy a buscar a mi madre a la estación, donde llega a las siete.

Je m'occupe de mon fils et du ménage

Me ocupo de mi hijo y de las tareas domésticas

Il ne participe pas à cette conférence.

No participó en esta conferencia.

Fait attention, il est drôlement fûté.

Ten cuidado, es divertido, inteligente.

Il lui a demandé à brûle pourpoint si elle voulait l'épouser.

Le preguntó a quemarropa si quería casarse con él.

Je mange à la fortune du pot.

Como por la fortuna de la olla.

Les Volkswagen se vendent comme des petits pains.

Los Volkswagen se están vendiendo como pan caliente.

La robe te va comme un gant.

El vestido te queda como un guante

Il a vraiment le béguin pour elle

¡Realmente está enamorado de ella

Ça s'arrose !  ¡Vamos a celebrar!	Ça c'est le comble du culot ! 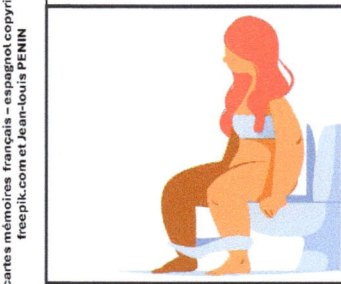 ¡Ese es el colmo de los nervios!
Et bien sûr, c'est encore moi le dindon de la farce, Il va avoir de mes nouvelles  Y, por supuesto, sigo siendo el pavo en la broma, Él va a saber de mí	L'envoi se compose de trois paquets.  El envío consta de tres paquetes.

J'organise un cocktail vendredi. Je compte sur vous.

Estoy organizando un cóctel el viernes. Cuento con ustedes.

Depuis que sa femme l'a quitté, il file un mauvais coton

Desde que su esposa lo abandonó, ha estado hilando un algodón en mal estado

---

Il boit comme un trou

Bebe como un pez

Que vous le croyez ou non

Lo creas o no

Il doit avoir le bras long pour avoir obtenu le telephone en deux semaines

Debía de tener un brazo largo para haber conseguido el teléfono en dos semanas

---

Il se plaint du prix élevé de l'essence.

Se queja del alto precio de la gasolina.

C'est clair comme de l'eau de roche

Es cristalino, Está clarísimo

A la maison, il tire toujours la couverture à lui

En casa, siempre le quita la alfombra de debajo

J'aime avoir affaire à des gens qui jouent carte sur table

Me gusta tratar con gente que pone sus cartas sobre la mesa

Dès qu'il aura passé l'arme à gauche, ils encaisseront l'héritage

Tan pronto como pase el arma a la izquierda, cobrarán la herencia

Ne coupez pas les cheveux en quatre !

¡No te partas los pelos!

Nous allons ensemble contre vents et marées

Vamos juntos contra viento y marea

Ne raccrochez pas s'il vous plaît. Por favor, no cuelgues.	On demande Mr Müller au guichet numéro sept Pedimos al Sr. Müller en el mostrador número siete
M. Müller est recherché par la police  El Sr. Müller es buscado por la policía	Elle m'a laissé tomber  Ella me decepcionó

Un instant, je vais y réfléchir

Por un momento, lo pensaré

En allemagne, les femmes ne portent que rarement la culotte

En Alemania, las mujeres rara vez usan bragas

Avec ça, il n'a fait que jeter de l'huile sur le feu

Con eso, solo echó leña al fuego

Ce n'est pas la peine d'essayer avec elle. Elle connaît la musique

No vale la pena intentarlo con ella. Sabe de música

En amour, comme à la guerre, tous les coups sont permis

Todo vale en el amor y en la guerra

Il fait ses études à l'école des Beaux-Arts

Estudió en la Escuela de Bellas Artes

Il se souviens très bien de son enfance

Recuerda muy bien su infancia

Attendez une minute, j'ai le mot sur le bout de la langue

Espera un minuto, tengo la palabra en la punta de mi lengua

J'étais désespéré, et cette nouvelle m'a donné le coup de grâce

Estaba desesperado y esta noticia me dio el tiro de gracia

On ne peut pas tout avoir, il y a une limite à tout.

No se puede tener todo, todo tiene un límite.

Il a laisse entendre qu'il prendrait bientôt sa retraite

Ha insinuado que se retirará pronto

Cela te remonte le moral

Te anima

Ne vous faites pas de mauvais sang

No te preocupes por eso

A voir votre tête, j'en déduis que votre voyage, n'a pas été agréable.

Por la expresión de su rostro, deduzco que su viaje no fue agradable.

Il n'est pas bien élevé, il boit toujours sa bière à la bouteille.

No se porta bien, siempre bebe su cerveza de la botella.

Depuis que sa femme est malade, il broie du noir.

Desde que su esposa está enferma, ha estado meditabundo.

Elle a piqué une crise quand il le lui a dit

Ella tuvo un ataque cuando él se lo dijo

C'est là que le bât blesse

Aquí (Ahí) es donde radica el problema

Je suis triste d'avoir un mauvais bulletin.

Me entristece tener una mala boleta de calificaciones.

Pierre se moque de sa sœur parce qu'elle porte une minijupe

Peter se burla de su hermana porque lleva una minifalda

Il ne faut pas remettre au lendemain ce qu'on peut faire le jour même.

No debemos dejar para mañana lo que podemos hacer el mismo día.

Si vous lui graisser la patte, il s'en chargera sûrement.

Si le engrasas la pata, probablemente se encargará de ella.

Qui se ressemble s'assemble

Los pájaros de un mismo plumaje se juntan

Dis-moi qui tu fréquentes, et je te dirai qui tu es.

Dime con quién sales y te diré quién eres

Œil pour œil, dent pour dent

Ojo por ojo, diente por diente

C'est facile comme bonjour, ce n'est pas sorcier.

Es fácil como un pastel, no es ciencia espacial.

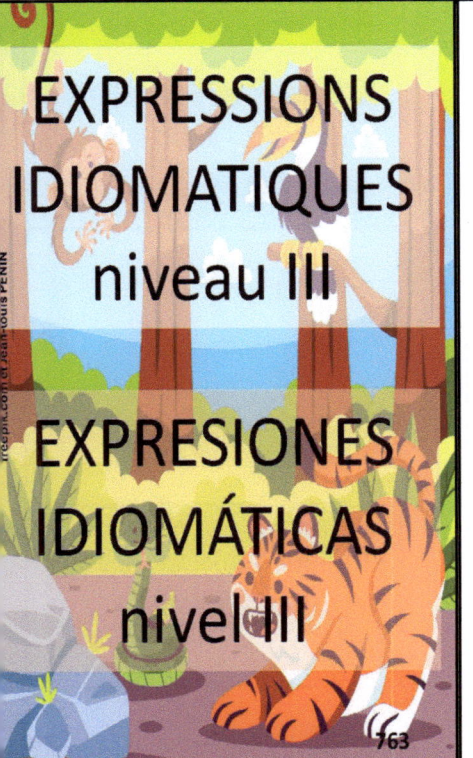

EXPRESSIONS IDIOMATIQUES niveau III

EXPRESIONES IDIOMÁTICAS nivel III

Ah, c'est apprendre ou à laisser.

Ah, es aprender o dejar.

Il m'a suivi toute la journée, et c'est seulement dans le grand magasin que j'ai pu lui fausser compagnie.

Me siguió todo el día, y sólo en los grandes almacenes pude hacerle compañía.

C'est une oie blanche, elle n'a aucune idée de ce qu'elle fait

Es un ganso blanco, no tiene ni idea de lo que está haciendo

On ne pourra jamais faire boire un âne qui n'a pas soif

Nunca se puede hacer beber a un burro si no tiene sed

C'était ennuyeux comme tout mais j'ai bu la coupe jusqu'à la lie

Fue muy aburrido, pero bebí la taza hasta las heces

La voiture est entrée en collision avec un camion anglais.

El coche chocó con un camión inglés.

Touchons du bois et que tout se passe bien.

Tocemos madera y dejemos que todo salga bien.

Tu sais bien que le dimanche papa fait la grâce matinée?

¿Sabes que los domingos papá hace la gracia de la mañana?

Nous sommes logés à la même enseigne.

Estamos en el mismo barco.

Dans cet accident, il en a été quitte pour la peur.

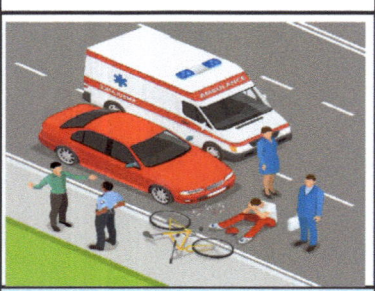

En este accidente, se quedó con miedo.

Joindre l'utile à l'agréable

Combinar los negocios con el placer

Ouf !, vous m'avez ôté un grand poids.

¡Uf!, me has quitado un gran peso de encima.

Tels sont les faits. À vous juger.

Estos son los hechos. Para juzgarte.

Il est complètement dingue, il a une case en moins.

Está completamente loco, es una caja menos.

Ne te laisse pas impressionner, il monte comme une soupe au lait.

No te dejes impresionar, sube como una sopa de leche.

Il a laissé tomber sa femme et maintenant il habite chez sa petite amie.

Ha abandonado a su esposa y ahora vive con su novia.

Oh !, il a dû se lever du pied gauche !

¡Oh, debe haberse levantado con el pie izquierdo!

Il a été licencié sans autre forme de procès.

Fue despedido sin más preámbulos.

Arrêtez vos salades, personne ne vous croira.

Deja tus ensaladas, nadie te creerá.

On connait ça, c'est un vieux truc.

Lo sabemos, es una cosa antigua.

Il se dispute à propos de l'héritage de leur père.

Discute sobre la herencia de su padre.

Les hommes disent toujours que les femmes changent d'avis dix fois par jour.

Los hombres siempre dicen que las mujeres cambian de opinión diez veces al día.

Il n'est pas question de les inviter ensemble

No se trata de invitarlos juntos

En la jugeant, tu devrais tenir compte du fait, qu'elle a eu peu de possibilité dans sa vie

Al juzgarla, debes tener en cuenta el hecho de que ha tenido pocas oportunidades en su vida

Je n'ai pas pu m'empêcher de rire

No pude evitar reírme

Les jumeaux se ressemblent comme deux gouttes d'eau.

Los gemelos parecen dos gotas de agua.

La nouvelle s'est répandue comme une traînée de poudre.

La noticia corrió como la pólvora.

Il y a des gens qui se mettent en colère sans raison

Hay gente que se enfada sin motivo

Envoyez-moi un mot pour que je sache que vous êtes bien arrivé.

Envíame una nota para que sepa que has llegado sano y salvo.

Si le patron l'apprend, c'est la fin des haricots, les carottes sont cuites.

Si el jefe se entera, es el final de los frijoles, las zanahorias están cocidas.

793

Elle n'est pas très bien, il vaut mieux la laisser tranquille

Ella no está muy bien, es mejor dejarla en paz

794

Dites-moi ce qu'il y a, ne tournez pas autour du pot.

Dime qué te pasa, no te vayas por las ramas.

795

Tout était merveilleux jusqu'à ce que je fasse une gaffe avec cette remarque idiote

Todo era maravilloso hasta que cometí un error garrafal con este comentario tonto

796

Je suis d'accord avec cette proposition.

Estoy de acuerdo con esta propuesta.

C'est un fan du football, il en est fou.

Es un fanático del fútbol, está loco por eso.

En cas de panique, il est de première importance de garder son sang-froid.

En caso de pánico, es de suma importancia mantener la calma.

Chaque soir il fait une petite promenade, pour se dégourdir les jambes

Todas las tardes da un pequeño paseo para estirar las piernas

Il n'a vraiment pas de chance.

Tiene muy mala suerte.

Elle met la charrue avant les bœufs.

Pone el carro delante del caballo.

Il s'est sûrement passé quelque chose, sinon il serait déjà arrivé.

Seguramente algo sucedió, de lo contrario, ya habría sucedido.

Cette histoire d'amour va mal se terminer

Esta historia de amor terminará mal

L'avocat a pu persuader les jurés de l'innocence de son client.

El abogado pudo persuadir a los miembros del jurado de la inocencia de su cliente.

Il est tellement obsédé par les femmes, qu'il n'a jamais pu les traiter en partenaire dans les affaires.

Está tan obsesionado con las mujeres, que nunca ha sido capaz de tratarlas como un socio en los negocios.

Il se croyait invité mais à la fin ce fût lui qui dû payer la douloureuse.

Pensó que lo habían invitado, pero al final fue él quien tuvo que pagar por el dolor.

J'ai gratté mes fonds de tiroirs pour acheter les fleurs

Raspé mis cajones para comprar las flores

Vous ne devriez pas mettre tous les œufs dans le même panier.

No debes poner todos los huevos en la misma canasta.

Cette affiche se voit à tout bout de champ.

Este cartel se puede ver a cada paso.

Si tu sais faire ça, je te paie des prunes.

Si sabes cómo hacer eso, te pagaré ciruelas.

Avant de mettre les fleurs dans le vase, il faut que tu le remplisses d'eau.

Antes de poner las flores en el jarrón, debes llenarlo con agua.

Ça sent la rose et le lilas

Huele a rosas y lilas

Quand le chat n'est pas là, les souris dansent.

Cuando el gato no está, los ratones juegan.

Même si vous m'apportez une mauvaise nouvelle, dites la moi carrément.

Incluso si me traes malas noticias, dímelo sin rodeos.

Un malheur ne vient jamais seul.

Éramos pocos y parió la abuela.

Ne le croyez pas, il vous fait seulement marcher.

No le creas, solo te hace caminar.

Être pris entre deux feux.

Quedar atrapado en el fuego cruzado.

Je voulais garder le secret de l'affaire, mais un collaborateur a vendu la mèche.

Quería mantener el asunto en secreto, pero un empleado me lo reveló.

Elle avait toujours pensé qu'il était célibataire, il l'a vraiment mené en bateau.

Ella siempre había pensado que él era soltero, realmente la llevó a dar un paseo.

Regarder ou l'on met les pieds, voir quelle tournure prend l'affaire.

Para ver dónde pones los pies, para ver cómo va el caso.

Rome ne fût pas bâti en un jour

Roma no se construyó en un día

Chercher une aiguille dans une botte de foin.

Buscando una aguja en un pajar.

La critique a complètement réduit la pièce en miette

Los críticos redujeron por completo la obra a pedazos

Je ne peux pas prendre cette décision à mon compte.

No puedo tomar esta decisión por mi cuenta.

Vous ne vous en sortirez pas sain et sauf.

No saldrás de ella sano y salvo

Il en est réduit à ce travail complémentaire.

Se reduce a esta obra complementaria.

Les deux sociétés étaient pour ainsi dire d'accord sur le contrat, quand l'une d'elle a tout à coup fait machine arrière

Las dos empresas estaban prácticamente de acuerdo con el contrato, cuando una de ellas dio marcha atrás repentinamente

A pâques ou à la trinité, quand les poules auront des dents.

En Pascua o en la Trinidad, cuando las gallinas tendrán dientes.

Aux innocents les mains pleines.

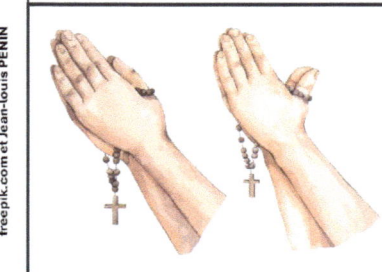

Suerte de principiante.

Le médecin m'a défendu de fumer.

El médico me prohibió fumar.

Je suis enthousiasmé par ma nouvelle voiture

Estoy entusiasmado con mi nuevo coche

J'ai fait équiper ma voiture de phares antibrouillard.

Tenía mi coche equipado con luces antiniebla.

Être sur des charbons ardents.

Estar sobre brasas.

Ce n'est pas du tout pour cette raison, vous faites fausse route.

No es por esa razón en absoluto, estás en el camino equivocado.

C'est son plus beau vase, il y tient comme à la prunelle de ses yeux.

Es su jarrón más hermoso, se aferra a él como a la niña de sus ojos.

Ça n'a ni queue ni tête, ça ne tient pas debout.

No tiene ni cabeza ni cola, no se levanta.

Par chance, Guillaume m'a mis au courant de cet incident.

Por suerte, Guillaume me informó de este incidente.

Il a le chic pour prendre les gens à rebrousse-poil

Tiene una habilidad especial para tomar a la gente por sorpresa

Si vous voulez mon avis, il faut battre le fer tant qu'il est chaud.

Si me preguntas, tienes que golpear mientras el hierro está caliente.

Quoi qu'il en soit, je ne veux plus la revoir.

De todos modos, no quiero volver a verla

Ici encore le juste milieu est la meilleure solution. Ni trop long, ni trop court.

Una vez más, la media dorada es la mejor solución. Ni demasiado largo, ni demasiado corto.

Vous ne pouvez pas résoudre ce problème, c'est la quadrature du cercle.

No se puede resolver este problema, es la cuadratura del círculo.

Sa réponse cinglante lui a bel et bien rabattu le caquet.

Su respuesta mordaz lo derribó.

Elle a la chance de son côté.

Tiene la suerte de su lado.

Ce n'est pas si grave que ça, vous en faites une montagne.

No es tan malo, haces una montaña con ello.

Chapeau ! Il se défend vraiment partout comme un chef.

¡Sombrero! Realmente se defiende en todas partes como un líder.

Après l'examen, on va faire les quatre cents coups.

Después del examen, vamos a hacer los cuatrocientos movimientos.

Aujourd'hui, nous commençons la première leçon.

Hoy comenzamos la primera lección.

Il s'est informé auprès du syndicat d'initiative, des Curiosités de la ville.

Ha preguntado en la oficina de turismo, la Curiosités de la ville.

Elle l'a bien promis. Reste à voir si elle tiendra sa promesse.

Lo prometió. Queda por ver si cumplirá su promesa.

Assez perdu de temps, maintenant il faut donner un coup de collier.

Ya basta de tiempo perdido, ahora tenemos que intentarlo.

Réflexion faite, il s'est enfin décidé.

Después de pensarlo, finalmente tomó una decisión.

C'est un hypocrite. Il se montre rarement sous son vrai jour.

Es un hipócrita. Rara vez se muestra a sí mismo en su verdadera luz.

Les enfants ont toujours peur du méchant Loup.

Los niños siempre tienen miedo del lobo malvado.

Il travaille à son prochain livre.

Está trabajando en su próximo libro.

Il ne voulait pas le dire, mais cela lui a échappé.

No quería decirlo, pero se le escapó.

Je ne peux pas encore vous donner une réponse définitive, laissez-moi y réfléchir, la nuit porte conseil.

Todavía no puedo darte una respuesta definitiva, déjame pensarlo, la noche trae consejos

---

Quand il m'a donné des réponses évasives, j'ai flairé quelque chose de louche.

Cuando me dio respuestas evasivas, olfateé algo sospechoso.

Ne réveillez pas le chat qui dort.

No despiertes al gato dormido

Appelez un chat un chat, les choses par leur nom.

Llama a las cosas por su nombre.

Vous ne pouvez rien faire, les jeux sont faits.

No puedes hacer nada, el juego está hecho.

Excusez-moi, mais votre nom, m'est sorti de la tête.

Discúlpame, pero tu nombre ha salido de mi cabeza.

Pas d'échappatoire, venez-en au fait.

No hay escapatoria, vamos al grano.

Loin, au diable Vauvert.

Lejos, al diablo con Vauvert.

Toute la journée, Jean a attendu sa petite amie, mais elle lui a posé un lapin.

Todo el día, Jean esperó a su novia, pero ella le puso un conejo encima.

Bien qu'il ne soit pas très riche, il renonce à sa part d'héritage.

Aunque no era muy rico renunció a su parte de la herencia.

J'ai beau lui avoir dit non dix fois, il n'en démord pas.

Puede que le haya dicho que no diez veces, pero no se rinde.

Je suis persuadé qu'il l'a dit sans arrière pensée.

Estoy convencido de que lo dijo sin pensarlo dos veces.

Mon fils est un fin gourmet, il adore les choses sucrées.

Mi hijo es un entusiasta de la comida, le encantan las cosas dulces.

C'est tout ce que je peux vous dire, tirez-en vos propres conclusions.

Eso es todo lo que puedo decirles, saquen sus propias conclusiones.

Le gang travaillait dans le quartier avec succès depuis des années, quand les flics sont arrivés et ont tout flanqué par terre

La pandilla había estado trabajando en el vecindario con éxito durante años, cuando llegó la policía y tiró todo al suelo

Il s'en est sorti de justesse.

Escapó por poco.

Continuez à chercher vous brûlez.

Sigue buscándote quemarte.

Après le divorce, il ne s'est pas soucié de ses enfants.

Después del divorcio, no se preocupó por sus hijos.

Quand j'aurai soixante cinq ans, je cesserai le travail.

Cuando tenga sesenta y cinco años, dejaré de trabajar.

Je vous paris à dix contre un, qu'il n'écrira pas.

Te apuesto diez a uno, que no escribirá.

Je pourrais me mordre la langue de le lui avoir dit.

Podría morderme la lengua por decírselo.

Elle parle tout le temps et empêche tout le monde de placer un mot.

Habla todo el tiempo y evita que todos coloquen una palabra.

Tu peux faire ton deuil de ce voyage.

Puedes llorar este viaje.

Il tient la bride serrée à tous ses employés.

Mantiene las riendas apretadas sobre todos sus empleados.

Ils ont travaillé tous les trois à qui mieux mieux.

Los tres trabajaron juntos

Il a été pris par l'émotion.

Estaba abrumado por la emoción.

La querelle avec sa fiancée se termina par une réconciliation.

La pelea con su prometida terminó en una reconciliación.

Sous le soleil du désert Il aspire à boire de l'eau.

Bajo el sol del desierto anhela beber agua.

885

La négociation dure depuis deux semaines déjà mais maintenant on en voit la fin

Las negociaciones ya han durado dos semanas, pero ahora podemos ver el final de las mismas

886

N'en soufflez pas un mot quand vous la verrez.

No digas ni una palabra al respecto cuando lo veas.

887

Vous m'enlevez le mot de la bouche, c'est exactement ce que je voulais dire.

Quitas la palabra de mi boca, eso es exactamente lo que quise decir.

888

La pauvre, elle est tombée de charybde en Scylla avec son deuxième mariage

Pobrecita, cayó de Caribdis a Escila con su segundo matrimonio

Elle a suée sang et eau avant son examen.

Sudio sangre y agua antes de su examen.

Un journaliste connu écrit sur les évènements du Proche-Orient.

Un conocido periodista escribe sobre los acontecimientos en Oriente Medio.

Elle a sollicité une nouvelle place.

Pidió un nuevo lugar.

Il travaille toute la journée sans trêve ni repos

Trabaja todo el día sin descanso ni descanso

Ça me semble bon, mais j'y regarderais à deux fois.

A mí me parece bien, pero me lo pensaría dos veces.

Si j'ai bonne mémoire, il viendra demain.

Si no recuerdo mal, vendrá mañana.

Le programme de ce voyage a l'air très intéressant, si vous avez les moyens.

El programa de este viaje parece muy interesante, si tienes los medios.

Il n'y aura pas d'autres solutions pour vous, que de vous armez de patience.

No habrá otra solución para ti que armarte de paciencia.

Il est enfin entré dans ses frais.

Por fin ha recuperado sus gastos.

Je l'ai vu de mes propres yeux

Lo vi con mis propios ojos

Ne faites pas à autrui ce que vous ne voudriez pas qu'on vous fasse.

No le hagas a los demás lo que no te gustaría que te hicieran a ti

Crédule comme il est, il a gobé tout ce que l'orateur a dit.

Crédulo como es, se tragó todo lo que decía el orador.

Ne vous en faites pas, c'est en bonne voie.

No te preocupes, va por buen camino.

Je ne vais même pas à la campagne, et à plus forte raison à l'étranger.

Ni siquiera voy al campo, y mucho menos al extranjero.

Sa banque est très contente de lui, c'est l'homme qu'il faut à la place qu'il faut.

Su banco está muy contento con él, es el hombre adecuado en el lugar adecuado.

Il nous a eu avec le contrat, mais nous l'aurons à notre tour.

Él nos consiguió el contrato, pero nosotros lo conseguiremos a su vez.

Ils ont enfin fait table rase, et se sont réconciliés.

Finalmente han hecho borrón y cuenta nueva y se han reconciliado.

Le bébé étend les mains en direction des boules muticolores de l'arbre de Noël.

El bebé extiende sus manos hacia las bolas multicolores del árbol de Navidad.

Théoriquement je suis la patronne, mais en réalité je suis la bonne à tout faire.

Teóricamente soy la jefa, pero en realidad soy la criada en todo.

Je parie ma chemise que c'est faux.

Apuesto mi camisa a que está mal.

Vous feriez mieux d'arrêter de boire, si vous voulez conduire.

Será mejor que dejes de beber, si quieres conducir.

Abandonnez, vous vous battez contre des moulins à vent

Ríndete, estás luchando contra molinos de viento

Le patron se mouille pour elle, j'espère qu'il n'aura pas à payer les pots cassés.

El jefe se está mojando por ella, espero que no tenga que pagar por el daño.

En Amérique, tout est possible.

En Estados Unidos, todo es posible.

Il a vingt cinq ans bien sonnés, et il vit encore au crochet de ses parents.

Tiene veinticinco años y todavía vive en el gancho de sus padres.

Greta dit toujours du mal de ses voisins.

Greta siempre habla mal de sus vecinos.

Cette année, nous sommes invités à la fête de la bière. Il l'a invité à danser.

Este año, estamos invitados al Oktoberfest. La invitó a bailar.

En Allemagne, on peut acheter ce modèle depuis longtemps déjà, dans d'autres pays il ne sortira que l'année prochaine.

En Alemania se puede comprar este modelo desde hace mucho tiempo, en otros países no saldrá a la venta hasta el año que viene.

Le policier l'a cuisiné, mais il n'a rien dit.

El policía lo cocinó, pero no dijo nada.

Il a encore oublié son parapluie, il est toujours dans la lune.

Ha vuelto a olvidar su paraguas, todavía está en la luna.

Elle n'est pas seulement très vive, mais elle a aussi la réplique facile.

No solo es muy vivaz, sino que también tiene una respuesta fácil.

Dans les voyages dans l'espace, les Américains ont surclassé les Russes.

En los viajes espaciales, los estadounidenses superaron a los rusos.

Il est très efficace et se donne beaucoup de mal.

Es muy eficiente y hace todo lo posible.

La police criminelle contraint le truand à un aveux.

La policía criminal obliga al mafioso a confesar.

Avant le déménagement, il ne pensait pas qu'il pourrait s'habituer à leur nouvelle maison.

Antes de mudarse, no creía que pudiera acostumbrarse a su nuevo hogar.

Voyez un peu comme il passe de la pommade à sans tante à héritage.

Mira cómo pasa de ser un ungüento a ser un intrépito y a ser una reliquia.

Je lui ai rendu son argent et maintenant nous sommes quittes.

Le devolví su dinero y ahora estamos claros.

Il va malheureusement falloir que nous remettions notre rendez vous un autre jour car je n'ai pas le temps aujourd'hui.

Desafortunadamente, tendremos que posponer nuestra cita para otro día porque hoy no tengo tiempo.

Espérons qu'ils ne devront pas fermer le magasin, après tout, c'est leur seul gagne-pain.

Esperemos que no tengan que cerrar la tienda, después de todo, es su único sustento.

L'avocat a pu convaincre le jury de l'innocence de son client, alors qu'il était coupable

El abogado pudo convencer al jurado de la inocencia de su cliente, a pesar de que era culpable

C'est donné, l'avoir pour une bouchée de pain.

Es un hecho, tenerlo por una miseria.

Quand il s'agit de payer ses dettes, il se fait prier.

Cuando se trata de pagar sus deudas, se le ruega.

Ce n'est pas son genre de faire une réponse pareille.

No es su estilo dar esa respuesta

Voilà le téléphone qui sonne encore, c'est à devenir fou.

Aquí está el teléfono sonando de nuevo, es para volverte loco.

Je boirai bien un petit verre.

Voy a tomar una copa.

Notre projet est malheureusement tombé à l'eau

Desafortunadamente, nuestro proyecto fracasó

Depuis qu'il a épousé la fille de son patron, il est comme un coq en pâte.

Desde que se casó con la hija de su jefe, ha sido como un gallo.

Ne soyez pas jalouse de Greta, pour Hans il ne s'agit que d'une passade.

No tengas celos de Greta, para Hans es solo un momento pasajero.

J'ai du flair pour des choses pareilles.

Tengo un don para cosas como esa.

Bien qu'il soit ingénieur diplômé, il ne lui arrive pas à la cheville.

Aunque es un ingeniero graduado, no es rival para él.

Son histoire est cousue de fil blanc.

Su historia está cosida.

Ce n'est sûrement pas lui qui l'a fait. J'en mettrez ma main au feu.  Ciertamente no lo hizo. Pondré mi mano en el fuego. 941	Sa pauvre secrétaire, il lui en fait voir de toutes les couleurs.  Su pobre secretaria, le hace ver todos los colores. 942
Ne comptez pas sur lui si vous êtes dans la Panade.  No cuentes con él si estás en la Panade 943	Ne vous en faites pas, ça ne peut pas demeurer impuni. Tout se paie.  No te preocupes, no puede quedar impune. Todo hay que pagarlo. 944

Nous devons aller au fond de cette affaire.

Tenemos que llegar al fondo de este asunto.

945

1000 MOTS LES PLUS FREQUENTS

1000 PALABRAS LO MÁS COMÚN

946

En fait, il faut pouvoir accepter de traverser la rivière. Il faut avouer que cette activité est à ajouter l'après-midi, sans avoir peur après un certain âge et au-dessus, et encore, contre votre volonté. Ah, vous n'êtes pas d'accord ! alors en avant toute !

De hecho, tienes que ser capaz de aceptar cruzar el río. Hay que admitir que esta actividad se debe añadir por la tarde, sin tener miedo a partir de cierta edad y más, e incluso entonces, en contra de la voluntad. ¡Ah, no estás de acuerdo! ¡Así que vamos a toda máquina!

947

Devant elle, dans les airs, tous pouvaient se permettre aussi, et presque seul tout le long du chemin, d'être en colère. Déjà d'accord aussi, bien que toujours étonné, la colère se voyait, sans ennuyer un autre que lui, et pour se permettre de répondre à n'importe qui, de faire n'importe quoi dans l'appartement

Frente a ella, en el aire, todos también podían permitirse estar enojados y casi solos todo el camino. Ya convenido, aunque todavía sorprendido, se podía ver el enfado, sin molestar a nadie más que a sí mismo, y permitirse responder a nadie, hacer cualquier cosa en el apartamento

948

Apparemment, il fait apparaître une zone en approche près du bras, ou autour, et il en arrive, comme toujours, à se demander s'il est endormi ou non. Alors il se met à attaquer, juste pour tenter l'attention de l'avocat, pour ma tante, qui évite de loin, un nouveau procès.

Aparentemente, hace que aparezca un área cerca o alrededor del brazo, y llega a preguntarse, como siempre, si está dormido o no. Así que comienza a atacar, solo para llamar la atención del abogado, por mi tía, que evita un nuevo juicio por mucho.

Avec un bébé dans le dos dans un mauvais sac, la caution de la bande venait du bar. A peine si on se bat dans la salle de bain. Il est devenu beau, parce que le lit de la chambre avait été comme avant de commencer. Derrière la cloche, à croire que c'est à côté de lui, il fut assailli au mieux, en plus.

Con un bebé en la espalda en una bolsa mala, la fianza de la pandilla salió del bar. Difícilmente si nos peleamos en el baño. Se volvió hermoso, porque la cama de la habitación había estado como estaba antes de que comenzara. Detrás de la campanilla, como si estuviera a su lado, fue asaltado en el mejor de los casos, además.

Les gros chiens noirs mordent sans cligner des yeux, et nous bloque le sang bleu qui rougit sur le corps. C'est ce livre qui nous ennuie tous les deux et nous dérange un peu. Il parle de la bouteille cassée dans le fond de la boîte et du garçon sans cerveau qui devient notre petit ami, et se pause dans un souffle entre ciel et terre sans déranger.

Los grandes perros negros muerden sin parpadear y bloquean la sangre azul que se enrojece en el cuerpo. Es este libro el que nos molesta a los dos y nos molesta un poco. Habla de la botella rota en el fondo de la caja y del chico descerebrado que se convierte en nuestro novio, y se detiene en un suspiro entre el cielo y la tierra sin molestar

---

Le petit déjeuner permet de respirer, qu'on soit brillant ou fauché. Le frère brun a apporté une entreprise pour construire des bus. Mais Il faut les acheter, car ceux-ci brûlent ou éclatent. Ils sont apportés occupés, et on doit les brosser.

El desayuno te permite respirar, ya sea que estés brillante o arruinado. El hermano moreno trajo una empresa para construir autobuses. Pero hay que comprarlos, porque se queman o revientan. Se traen ocupados y deben cepillarse.

L'appel au calme est venu. On peut voir la voiture sur la carte. Le chat est attrapé par les enfants ou attrape les souris soigneusement. Il chasse et joue au cas par cas, vérifie que l'enfant porte la chaise sur la poitrine selon le cas, cause ou glousse dans la classe, dans la cellule ou en ville. Il doit changer, nettoyer, monter ou fermer les volets, c'est clair.

Ha llegado la llamada a la calma. Puedes ver el coche en el mapa. El gato es atrapado por los niños o atrapa ratones con cuidado. Caza y juega caso por caso, comprueba que el niño lleva la silla en el pecho según sea el caso, provoca o se ríe en el aula, en la celda o en la ciudad. Tiene que cambiar, limpiar, montar o cerrar las persianas, eso está claro.

L'université fournit des vêtements, du café s'il fait froid. La couleur qui vient est commentée par un ordinateur qui contrôle tout. Toutes les conversations des couples confus qui pleurent et craquent sont considérées comme cool.

La universidad proporciona ropa, café si hace frío. El color que viene es comentado por un ordenador que lo controla todo. Todas las conversaciones de parejas confundidas que lloran y se derrumban se consideran geniales.

La foule se soucie rarement de couvrir complétement le fou dont la coupe pourrait traverser les coins d'un canapé. Il est mignon de continuer contre le cours complet des choses

La multitud rara vez se preocupa por cubrir completamente al tonto cuyo corte podría atravesar las esquinas de un sofá. Es lindo seguir en contra del curso completo de las cosas

En commentaire, la préoccupation complète, considère que le compteur de la couverture couvre une fissure. C'est une croix dans la tasse

En el comentario, la preocupación completa, considera que el mostrador del techo cubre una grieta. Es una cruz en la copa

Papa condamne la danse sombre de la fille morte. Elle traite la mort qui lui est chère, et décide au plus profond d'elle-même que définitivement, le bureau fait mourir.

Papá condena el baile oscuro de la niña muerta. Se enfrenta a la muerte que le es querida, y decide en lo más profundo de su corazón que, definitivamente, el cargo causa la muerte.

C'est différent de dîner dans cette direction, et disparaître, pour faire soit comme un docteur, soit comme un chien, sans aucun doute vers le bas. On traîne, dessine, rêve, s'habille, boit, conduit, et laisse tomber, ou sécher, pendant un instant.

Es diferente a cenar en esa dirección, y desaparecer, hacerlo como un médico o como un perro, sin duda hacia abajo. Pasamos el rato, dibujamos, soñamos, nos vestimos, bebemos, conducimos y nos dejamos, o nos secamos, por un momento.

Chacun dresse l'oreille assez tôt, facilement. Il est facile de manger au bord de la table sinon dans le vide. La fin qui échappe en entier, même le soir, c'est apprécier assez, sans entrer, et surtout, éventuellement, jamais s'exciter.

Todo el mundo se levanta por las orejas bastante temprano, fácilmente. Es fácil comer en el borde de la mesa si no en el vacío. El final que se escapa por completo, incluso por la noche, es disfrutar bastante, sin entrar, y sobre todo, al final, nunca emocionarse.

C'est s'exclamer sans s'excuser comme tout le monde. Tout expliquer chaque fois sans attendre exactement une expression de l' œil, excepté peut-être un sourcil.

Es exclamar sin pedir disculpas como todo el mundo. Explique todo cada vez sin esperar una expresión exacta del ojo, excepto tal vez una ceja.

Le fait que le visage soit tombé pas loin, n'est pas la faute du père. Il a quelques craintes, mais il est rapide avec ses pieds favoris qui sentent les champs. Son ressenti est un peu comme combattre une figure de feutre, sans se tromper

El hecho de que la cara cayera no muy lejos no es culpa del padre. Tiene algunos miedos, pero es rápido con sus pies favoritos que huelen a campo. Su sensación es un poco como luchar contra una figura de fieltro, sin cometer un error

961

Enfin trouver un bien à prendre avec les cinq doigts en forme de crochet. Puis, d'abord retourner le sol à remplir de nourriture, fixer le flash et se concentrer sur la mouche en feu à suivre. Bon ajustement

Finalmente encuentra un bien para tomar con los cinco dedos en forma de gancho. Luego, primero voltee el suelo para llenarlo de comida, fije el flash y concéntrese en la mosca ardiente que seguirá. Buen ajuste

962

Trouver la force du pied pour oublier la forme, mise en avant par quatre amis libres de faire face plus loin et de froncer les sourcils pleins d'amusement, et drôle aussi. A vendre de face.

Encontrar la fuerza del pie para olvidar la forma, propuesta por cuatro amigos libres de mirar más lejos y fruncir el ceño llenos de diversión, y divertidos también. Se vende de frente.

963

Ce jeu a donné des halètements, qui regarde doucement, et obtient de pouffer de rire entre filles. La petite amie donne un verre, contente de regarder avec éblouissement ce qui va vers Dieu.

Este juego dio jadeos, que mira suavemente, y se pone a reír de risa entre chicas. La novia da un trago, feliz de mirar con deslumbramiento lo que va a Dios.

964

Le grand héros va bien. Il attrape des super souris vertes ou grises, qui sont tout sourire pour une poignée de main. Elles gémissent au sol et quand leur groupe grandi, elle se garde bien de deviner si le gars s'est saisi d'un pistolet . C'est un garde certainement.

El gran héroe está bien. Atrapa ratones súper verdes o grises, que son todo sonrisas para un apretón de manos. Giman en el suelo y cuando su grupo crece, ella tiene cuidado de no adivinar si el tipo agarró un arma. Es un guardia, sin duda.

La moitié des cheveux est tenue dans les mains par poignée. Dans le hall ou dans le couloir, il arrive de se pendre, la tête dure et heureuse d'entendre le cœur lourd tenu par la haine que j'ai entendu.

La mitad del cabello se sujeta en las manos con un mango. En el vestíbulo o en el corredor, a veces se ahorca, con la cabeza dura y feliz de oír el corazón apesadumbrado por el odio que he oído.

C'est l'enfer et elle est ici. Bonjour, aidez-moi, se dit-elle à elle-même. Hé, salut, cachez- moi en haut, comme lui se dit-il à lui-même. Et les sons tiennent et vont frapper à la maison

Es un infierno y ella está aquí. Hola, ayúdame, se dijo a sí misma. Oye, hola, escóndeme arriba, como se dice a sí mismo. Y los sonidos se mantienen y golpearán en casa

---

J'espère que ce cheval se dépêche de se pendre à l' hôpital et qu'il est encore chaud à cette heure. La maison trouve cela énorme cependant d'étreindre un humain sans se blesser. Comment c'est possible, hein ! C'est suspendu à un fil, dépêche-toi !

Espero que este caballo se apresure a ahorcarse en el hospital y que todavía esté caliente a esta hora. Sin embargo, a la casa le resulta enorme abrazar a un humano sin lastimarse. ¡Cómo es eso posible, eh! Está pendiendo de un hilo, ¡date prisa!

Une idée de glace si bien imaginée qu'elle s'ignore immédiatement. A la place, il y a l'intérêt qu'il y a d'interrompre à l'intérieur d'une veste le bruit que fait un jean pour un abruti

Una idea del hielo tan bien imaginada que inmediatamente no se da cuenta de sí misma.
En cambio, existe el interés de interrumpir dentro de una chaqueta el ruido que hacen los jeans para un imbécil

969

Le travail rejoint la blague et saute juste pour garder la clé du coup de pied. L' enfant tue le genre par un baiser donné dans la cuisine à genou et frappe les esprits sans le savoir

El trabajo se une a la broma y salta solo para quedarse con la llave de la patada. El niño mata el género con un beso dado en la cocina de rodillas y golpea a los espíritus sin saberlo

970

La grande Dame dans ses terres n'est pas la dernière en retard. Elle rit de se voir en train de se coucher pour mener à bien cette mission et pour en apprendre le moins possible sur sa position. Au moins, elle se penche en avant et elle part, d'un regard de plomb

La gran dama de su tierra no es la última en llegar tarde. Se ríe al verse acostada para llevar a cabo esta misión y aprender lo menos posible sobre su posición. Al menos ella se inclina hacia adelante y se va, con una mirada plomiza

971

La jambe, comme dirigée vers la gauche, se lève pour laisser la lumière écouter sur les lèvres, les lettres s'allongent en ligne droite comme une vie de moins dirigée vers l'ascenseur

La pierna, como dirigida hacia la izquierda, se eleva para que la luz escuche los labios, las letras se alargan en línea recta como una vida menos dirigida hacia el ascensor

972

Perdu le long d'un casier verrouillé et bruyant, je regarde vivre et perdre beaucoup du peu de déjeuner en bas. On entend un bruit fort et faible en même temps.

Perdido a lo largo de un casillero cerrado y ruidoso, miro en vivo y pierdo gran parte del pequeño almuerzo de abajo. Oye un ruido fuerte y débil al mismo tiempo.

---

le fou fait faire à l' homme, la matière qui se gère comme marquer un temps, se marier et se correspondre beaucoup, ce qui signifie peu de chose. C'est peut-être moi qui me suit rencontrer, avec le peu de marque qui a fait la différence. Il se peut.

El necio hace que el hombre haga el asunto que se puede manejar como marcar un tiempo, casarse y corresponder mucho, lo que significa poco. Tal vez sea yo quien me siga para conocerme, con las pocas marcas que marcaron la diferencia. Puede ser.

La mémoire des hommes se mentionne dans un milieu qui pourrait être un esprit, le mien. Une minute devant le miroir, mademoiselle et vous êtes déjà maman, par moment, sans argent chaque mois, mais de bonne humeur. Quelle puissance ce moment !

La memoria de los hombres se menciona en un medio que podría ser un espíritu, el mío. Un minuto frente al espejo, usted y Señorita ya son madres, a veces, sin dinero todos los meses, pero de buen humor. ¡Qué poder este momento!

De plus en plus, le matin la plupart des mères se bouchent les oreilles sans bouger, regardent beaucoup de film de maman qui marmonnent de la musique. Elles doivent murmurer mon nom ou un peu de moi-même en bougeant trop la bouche.

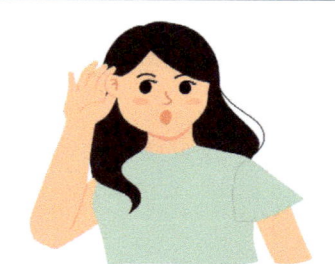

Cada vez más, por la mañana la mayoría de las madres se tapan los oídos sin moverse, ven muchas películas de mamás murmurando música. Tienen que susurrar mi nombre o un poco de mí mismo moviendo demasiado la boca.

Jamais, un hochement de tête n'a été un besoin presque nerveux. C'est nouveau, agréable de nom, et cela suivant une nuit près du cou.

Nunca un asentimiento ha sido una necesidad casi nerviosa. Es nuevo, agradable en el nombre, y esto después de una noche cerca del cuello.

Aucun bruit normal venant du nez ne se remarque. Maintenant ou pas, des avis sont en nombre. Rien qu'une note cependant.

No se nota ningún ruido normal de la nariz. Ahora o no, hay muchas opiniones. Sin embargo, solo una nota.

évidemment, on peut mettre en position off l'offre de bureau très souvent et tomber d'accord une seule fois sur un vieux qui ouvre seulement au bon moment ou pas.

Obviamente, puede poner la oferta de la oficina en la posición de apagado muy a menudo y acordar solo una vez una antigua que solo se abre en el momento adecuado o no.

Un autre ordre que notre propre douleur est de peindre une paire de pantalon propre en noir, dans du papier pour la fête et passer sans le payer au dehors, et sans l'emballer au-dessus.

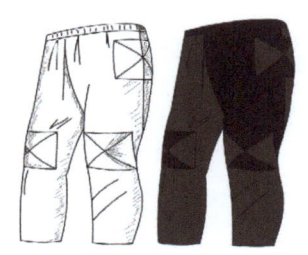

Otra orden que no sea nuestra propia pena es pintar de negro un par de pantalones limpios, en papel para la fiesta y pasar sin pagarlo fuera, y sin envolverlo encima.

Indiquer s'il vous plaît la poche ou les personnes parfaites peuvent choisir la photo et indiquer leur téléphone pour avoir peut-être une place dans la pièce et jouer. Tout est à prendre s'il vous plaît.

Por favor, indique el bolsillo donde las personas perfectas pueden elegir la foto e indique su teléfono para tal vez tener un lugar en la habitación y jugar. Todo está para ser tomado, por favor.

Autant que possible, mettre la puissance, pousser les manettes, résoudre le problème en appuyant pratiquement ou en faisant semblant d'être présent. Probablement, promettre de tirer ou de frapper la machine aussi jolie soit-elle.

En la medida de lo posible, ponga la potencia, empuje las palancas, resuelva el problema prácticamente presionando o fingiendo estar presente. Probablemente, prometer disparar o golpear la máquina sin importar lo bonita que sea.

---

la pluie sonne tranquillement et plutôt que d'atteindre tout à fait sa course, elle se lève vite comme si elle était prête à lire le réel

La lluvia suena tranquilamente y, en lugar de llegar a su curso, se eleva rápidamente como si estuviera lista para leer la realidad

---

Il se souvient vraiment de la relation et se la répète. Il reconnaît tout et se détend tout en réalisant qu'il reste dans le rouge. Enfin il se raisonne et se rappelle les obligations qui subsistent

Realmente recuerda la relación y se la repite a sí mismo. Reconoce todo y se relaja al darse cuenta de que sigue en números rojos. Finalmente, razona consigo mismo y recuerda las obligaciones que quedan

Il répond qu'il se repose et qu'il reviendra chevaucher quand il sentira se frotter à la route. A droite, on aperçoit la chambre. Il court en rond, et sonne sans se précipiter

Él responde que está descansando y que volverá a montar cuando sienta que el camino se frota contra él. A la derecha, podemos ver el dormitorio. Corre en círculos y toca el timbre sin prisa

---

Il est assis, en sécurité mais triste de s'asseoir en pareille circonstance. L'école cherche un second souffle et semble voir ce qu'il a dit. Se sauver, c'est peu dire. Il est effrayé et crie des mots qu'il envoi sur lui. Dire ce qu'il voit.

Está sentado, seguro, pero triste de sentarse en tales circunstancias. La escuela está buscando un segundo aire y parece ver lo que dijo. Salvarse a sí mismo es un eufemismo. Está asustado y grita las palabras que le envía. Di lo que él ve.

Plusieurs chemises ont été envoyées sérieusement, pour régler plusieurs ombres, au moins sept. Elles ont un sens décalé qui fixe les idées de merde afin de les partager. Elle secoue le changement

Se enviaron varias camisetas seriamente, para establecer varias sombras, al menos siete. Tienen un significado poco convencional que fija ideas de mierda para compartirlas. Sacude el cambio

---

Le malade hausse les épaules et entre dans la boutique de chaussures. Un choc le secoue et il crie. C'est un tir sur l'épaule. Il a la respiration courte, ferme la plaie et pousse jusque dans la douche Il devrait se montrer fort d'un certain côté. Il est malade et se ferme.

El paciente se encoge de hombros y entra en la zapatería. Una conmoción lo sacude y grita. Es un tiro en el hombro. Tiene la respiración entrecortada, cierra la herida y empuja hacia la ducha, debería ser fuerte de alguna manera. Está enfermo y se apaga.

Dans un soupir presque silencieux, un monsieur célibataire et sa sœur se font un signe et s'assoie à la vue de tout le monde tout simplement. Sous le ciel bleu, légèrement, on entend depuis, glisser sur la peau six doigts dont la situation n'est pas de dormir mais plutôt de claquer

Con un suspiro casi silencioso, un solo caballero y su hermana se saludan y simplemente se sientan a la vista de todos. Bajo el cielo azul, levemente, podemos escuchar seis dedos deslizándose sobre la piel cuya situación no es para dormir sino más bien para chasquear

---

Certains, d'une manière ou d'une autre, quelqu'un ou quelque chose, parfois, avec un sourire ou même un petit sourire satisfait, produit lentement une petite fumée douce sans claquement aucun. Alors, qu'est-ce, sinon un soupir lent qui vient du cœur.

Algunos, de alguna manera, alguien o algo, a veces, con una sonrisa o incluso una pequeña sonrisa de satisfacción, producen lentamente un poco de humo suave sin ningún chasquido. Entonces, ¿qué es, sino un lento suspiro que sale del corazón?

Quelque part, se tenant debout dans l'escalier, le fils fait une chanson qui parle d'espace. Le son est désolé. Il parle de dépenser. Il est bientôt localisé par une façon de trier les mots placés debout.

En algún lugar, de pie en las escaleras, el hijo canta una canción sobre el espacio. El sonido es desolador. Habla del gasto. Pronto se localiza por una forma de clasificar las palabras colocadas en posición vertical.

Une histoire étrange commence par une étoile qu'il regarde comme une étape, l'estomac en lutte, coincé dans l'étrange. Un magasin dans la rue, et un bâton droit, fort, arrête tout le monde. C'est un état qui reste à venir encore, mais qui se trouvait jadis

Una extraña historia comienza con una estrella a la que mira como un escenario, con el estómago luchando, atrapado en lo extraño. Una tienda en la calle, y un palo recto y fuerte, detiene a todos. Es un estado que aún está por venir, pero que una vez fue

Un étudiant étudie un truc stupide, tel que sucer quelque chose de doux. Soudain il suppose que c'est l'été, avec le soleil bien sûr. Il suggère la surprise à ceux qui l'entoure

Un estudiante está estudiando una cosa estúpida, como chupar algo dulce. De repente asume que es verano, con el sol, por supuesto. Sugiere sorpresa a quienes lo rodean

993

Dire qu'avec dix dents, il n'a pas versé une larme. Sur une table, il s'est mis à parler comme un grand professeur. Dites-moi, Il faut prendre une équipe, merci,

Pensar que con diez dientes no derramó una lágrima. Sobre una mesa, comenzó a hablar como un gran maestro. Dime, tenemos que llevar un equipo, gracias,

994

Eux-mêmes pensent que les dés étaient jetés et que cette chose épaisse arrivait troisième. Mais alors qui alors était le second ? Cependant le premier était inconnu. Il jeta le trois et pensa fort

Ellos mismos piensan que la suerte estaba echada y que esta cosa gruesa quedó en tercer lugar. Pero entonces, ¿quién fue el segundo? Sin embargo, el primero era desconocido. Tiró los tres y pensó en voz alta

995

La gorge serrée, il lança sa cravate minuscule à travers le temps et dit à demain. Mais aujourd'hui le pneu aussi changea. Ensemble, ce soir la langue se mis à pendre sur un ton peu orthodoxe. C'est trop.

Con la garganta apretada, arrojó su diminuta corbata a través del tiempo y dijo hasta mañana. Pero hoy el neumático también ha cambiado. Juntos, esta noche, la lengua comenzó a colgar en un tono poco ortodoxo. Es demasiado.

996

La piste du lecteur passait à la télé. Des éléphants sur une piste se dirigeait vers la ville, voyage de vérité ou de confiance. Ils cherchaient des arbres pour essayer de tourner l'ennui en dérision, mais du haut de leur train arrière, ils étaient totalement muets, se touchaient, pris du haut de leurs têtes vers leurs rêves mais inquiets

El rastro del lector estaba en la televisión. Los elefantes en un rastro se dirigían a la ciudad, un viaje de verdad o confianza. Buscaban árboles para tratar de burlarse del aburrimiento, pero desde lo alto de sus cuartos traseros, estaban totalmente mudos, tocándose unos a otros, atrapados desde la parte superior de sus cabezas hacia sus sueños, pero preocupados

---

En haut, mon oncle avec un type, tous deux utilisaient une voix très forte pour se faire comprendre. Par vingt degrés sous zéro, ils utilisaient habituellement leur droit de visite sur nous, jusqu'à ce que cela devienne habituel. Ils nous prenaient de haut et se faisaient comprendre.

Arriba, mi tío con un chico, ambos usaron una voz muy alta para hacerse entender. A veinte grados bajo cero, solían usar sus derechos de visita sobre nosotros, hasta que se convirtió en algo habitual. Nos miraban con desprecio y se hacían entender.

Il nous regardait d'un air bizarre et attendait que l'on se réveille avec un air vague. Nous avions chaud mais de cette façon, l'eau nous aidait à marcher entre chaque mur, mais on voulait la porter en vague comme chaque semaine

Nos miró con extrañeza y esperó a que despertáramos con una mirada vaga. Teníamos calor pero de esta manera, el agua nos ayudaba a caminar entre cada pared, pero queríamos llevarla en olas como todas las semanas

---

Pourquoi une femme dont la volonté est entière aurait pu souhaiter que le vent entre par la fenêtre. Dans le blanc qui semble essuyer un large foulard, on fait avec. Qui va avec ?

¿Por qué una mujer cuya voluntad es completa pudo haber deseado que el viento entrara por la ventana? En el blanco que parece limpiar una gran bufanda, nos las arreglamos. ¿Quién va con él?

Le pire est l'inquiétude d'une femme éveillée qui, portée par le monde merveilleux, ne trouve que des mots pires que le bois qu'elle ne fera pas. Sans rancune.

Lo peor es la ansiedad de una mujer despierta que, llevada por el mundo maravilloso, sólo encuentra palabras peores que la madera que no quiere hacer. Sin resentimientos.

1001

Eh bien peu importe où elle est allée, elle murmure dans les draps mouillés qui, quoi, où et quand. Tandis qu'ils écoutaient cela, ils disaient si ceci ou si cela et c'était bien. Ils étaient bien.

Bueno, no importa a dónde haya ido, susurra entre las sábanas mojadas quién, qué, dónde y cuándo. Mientras escuchaban esto, decían si esto o aquello y eso era bueno. Eran buenos.

1002

Oui, pourtant vous êtes jeunes et vous pourriez crier ou écrire vous-même ouah! Cela ne vous mettrait pas en faux et ne vous envelopperait pas d'erreur. Cela vaudrait pour une année, la vôtre. Eh oui !

Sí, pero eres joven y podrías gritar o escribirte a ti mismo ¡guau! No te pondría en error ni te envolvería en un error. Eso sería por un año, el tuyo. ¡Sí!

1003

Au revoir, le travail est terminé, il faut se résoudre à finir la série des mille fiches

Adiós, el trabajo está hecho, debemos decidirnos a terminar la serie de las mil cartas

1004

1004

© 2025 Jean-Louis Penin

REPRODUCTION INTERDITE
Édition: BoD · Books on Demand,
31, avenue Saint-Rémy, 57600 Forbach
bod@bod.fr
Impression: Libri Plureos GmbH,
Friedensallee 273, 22763 Hamburg
(Allemagne)
ISBN : 978-2-3225-7316-5
Dépôt légal : février 2025